篮球
营销学

打造成功商业的关系优先公式

[加]比尔·毕晓普——著
（Bill Bishop）

李建树——译

BEYOND
BASKETBALLS

中国科学技术出版社
·北 京·

BEYOND BASKETBALLS by BILL BISHOP
Copyright © 2010 BY BILL BISHOP
This edition arranged with SEVENTH AVENUE LITERARY AGENCY
through BIG APPLE AGENCY, LABUAN, MALAYSIA.
Simplified Chinese edition copyright:
2022 China Science and Technology Press Co., Ltd.
All rights reserved.
北京市版权局著作权合同登记　图字：01-2022-5723

图书在版编目（CIP）数据

　　篮球营销学：打造成功商业的关系优先公式 /（加）
比尔·毕晓普（Bill Bishop）著；李建树译 . — 北京：
中国科学技术出版社，2023.8
　　书名原文：Beyond Basketballs
　　ISBN 978-7-5236-0196-9

　　Ⅰ . ①篮… Ⅱ . ①比… ②李… Ⅲ . ①篮球运动—体
育产业—市场营销 Ⅳ . ① G841

中国国家版本馆 CIP 数据核字（2023）第 066183 号

策划编辑	杨　硕	
责任编辑	吴　静	
版式设计	蚂蚁设计	
封面设计	仙境设计	
责任校对	焦　宁	
责任印制	李晓霖	

出　　版	中国科学技术出版社
发　　行	中国科学技术出版社有限公司发行部
地　　址	北京市海淀区中关村南大街 16 号
邮　　编	100081
发行电话	010-62173865
传　　真	010-62173081
网　　址	http://www.cspbooks.com.cn

开　　本	880mm×1230mm　1/32
字　　数	112 千字
印　　张	7
版　　次	2023 年 8 月第 1 版
印　　次	2023 年 8 月第 1 次印刷
印　　刷	大厂回族自治县彩虹印刷有限公司
书　　号	ISBN 978-7-5236-0196-9/G·1016
定　　价	59.00 元

（凡购买本社图书，如有缺页、倒页、脱页者，本社发行部负责调换）

致我的孩子们

道格拉斯（Douglas）和罗宾（Robin）

序言

本书 2000 年以《战略企业》(*The Strategic Enterprise: Growing a Business for the 21st Tentury*)为书名出版，至今已有二十多年。出版后，全世界范围内发生了很多事情，我们的生活也都经历了各种各样的变化。

尽管发生了这些变化，本书的中心论点并没有变得过时。事实上，它变得更加契合时代。随着我们步入 21 世纪，我们生活在一个后产品经济时代的事实越来越明确，但大多数商业人士仍然在运用 19 世纪工业革命时代的思维模式。

当我们在 2000 年 4 月首次出版这本书时，大多数读者都被它的理念所吸引，但他们不知道如何将其应用到业务中。然后我们意识到书中提出的革命性模式——关系优先公式——是领先于时代的。我们也意识到，只有最先进的前沿商业思想家才会接受这种新方法。但随着时间的流逝，越来越多的公司受到极速变化、竞争加剧和即时通信的影响，同时越来越多的人阅读了这本书，并接受了它的假设。

随着 2008 年突发的金融危机和随之而来的全球经济衰退，寻找新的思想和改革模式变得更加紧迫。很明显，这不仅仅是普通的经济衰退，也可能是世界经济史上的一个转折点。我们相信这是真的。我们认为，许多产品优先类型的公司将无法在衰退中幸存下来，而幸存下来的那些公司将继续遭受业绩的低增长或负增长。我们还认为，从长远来看，针对这些产品优先类型公司的一系列救市行为不会奏效。

但一切并非毫无希望。这就是这本书所传达的非凡的、积极的信息。我们相信，未来的经济将是繁荣向上的。我们还相信，目前只有 1% 的价值被创造出来了，仍有 99% 的价值等待着被发掘。

这意味着地球上每个人的财富都还有 99% 未被发掘。但它不会是工业革命时代的机器带给我们的那种产品类型的财富。它将是无形的后产品经济时代财富，为我们提供超乎想象的智力、情感和精神收益。它也是可持续的财富，能够保护我们的地球、促进和平，也使我们对宝贵的自然资源进行有效的再利用成为可能。

　　我对未来的愿景可能是理想化的，但那些与我唱反调的人能提供什么？你被他们的愿景启发了吗？正如我在本书中解释的，我们只有从一个理想化的模式开始，才更有可能达成目标。因此，本书是我为建设一个更美好、更光明的未来创造的贡献。

比尔·毕晓普

目录

引　言

建造更好的船

　　童年时期，通过观察当地两个船主罗恩（Ron）和弥尔顿（Milton）之间的竞争，我学到了一堂重要的商业课。他们在湖面上提供水上出行服务。当你需要乘船时，你要么选罗恩，要么选弥尔顿。选谁都可以，他们都有小船，都很破旧。

　　罗恩的木船座位不仅破败不堪，还散发着机油的臭味。发动机启动后叮当作响，就像一台装满汽车零件的洗衣机。水从地板上渗出来。乘客们穿着救生衣，祈祷他们能活着过湖。

　　弥尔顿的船也好不到哪里去。不仅座位上没有垫子，更没有多少地方放行李。无论你坐在哪里，当船"突突"地穿过浪花时，你总会被水花溅到。

每个人都抱怨过罗恩和弥尔顿以及他们可怜的小船，但在这个地方想坐船只能找他们。从表面上看，似乎竞争并没有驱使他们改进服务。毕竟他们垄断了水上出行市场。但我们错了，事情就要改变了。

罗恩一周工作七天。他让他的小船开啊开。他那可怜的舷外马达就像一匹在急行军时被用到了极限的老骡子。而弥尔顿则在每周一和周二休息两天，他把这两天的所有生意都留给了罗恩。

但弥尔顿知道自己在做什么。他正在秘密建造一艘更好的船。他设计了一艘可以满足乘客需求的船，三年来，每个周一和周二他都在建造这艘新船。

他安装了行李架和舒适的座位以及一个安静的舱内马达。弥尔顿还把船做大了，使它可以同时运载十名乘客。

他还把船速提高了五倍。作为点睛之笔，他在船舱内增加了一个装满果汁和软饮料的冰箱。

当弥尔顿推出他的新船时，在当地引起了轰动。每个人都很喜欢，除了罗恩。几个星期后，罗恩的个人企业就倒闭了。当人们可以乘坐弥尔顿的时尚快船出行时，就没有人愿意在罗恩的船上冒生命危险。毫无疑问，不久之后，罗恩破产了，回到了当地的五金店工作。

我从罗恩和弥尔顿的故事中学到了什么战略上的教训呢？我明白了定期休假来计划和改善业务是很重要的。通过在短期内少赚钱，我可以在更长远的未来赚更多的钱。我既可以像罗恩那样一周工作七天，一遍又一遍地提供相同的价值，也可以像弥尔顿那样休息一段时间，规划和实施更好的战略、体系和技能。我明白了企业主可以一直经营着破败的小生意，或者企业主也可以花一些时间建立一个更好的企业。

这就是我写这本书的主要原因：帮助你在后产品经济中规划和建立更好的业务。

很久以前汲取到的经验教训也开启了我的探索之旅。在过去的二十五年里，我一直密切观察着大大小小的企业。我对它们成功或失败的原因很着迷。我了解到许多公司无法成长，甚至破产，是因为它们没有停下来计划和建立一个更好的业务。它们太关心在短期内赚钱了，因此看不到自己的未来。它们没有长远的眼光，所以这些公司永远不会成长，也不会变得更大或更好。

相反，我遇到过很多成功的企业，规模越做越大。这些企业之所以成功是因为它们平衡了计划和行动。它们不但花费时间提供价值，也花时间创造价值。这些企业总在试图建造一艘更大的船。它们制定明确的战略，详细设计新的系统。在采取行动之前，它们总会把事情想清楚。

最重要的是，我写这本书的目的是为了解释新的策略和系统，这些策略和系统将帮助你在当今以极速变化、竞争加剧和即时通信为特征的后产品经济时代中茁壮成长。我认为原有的策略和系统已经不起作用了。即使对我们故事中的主人公弥尔顿来说也没有作用。尽管他曾经击败了罗恩，但最终弥尔顿自己也经营不下去了。他跟不上全部的变化和竞争。现在湖上有几十家水上出行公司，船只技术也有了巨大的进步。他自制的船与今天在湖上行驶的高科技船只相比只能说很古董了。

弥尔顿对于创造一个更好产品的专注在今天是行不通的。不管你从事的是什么工作或者行业，要想成功，现在需要的不仅仅是更好的产品或服务。在今天的市场上，你的工作内容必须围绕特定类型的客户建立，而不是围绕你的产品或服务。它还必须侧重于提供基本无形的非传统价值。这就是为什么在本书的第一章中，我解释了关系优先公式。自从我乘坐罗恩和弥尔顿的船以来，这个世界几乎变得面目全非，而这个通向成功的新公式将助力你茁壮成长，并且帮助你建造一艘更好的船。

进行转变

正如你将看到的，本书旨在帮助你将公司从过时的产品优先模式转变为全新的关系优先模式。无论你的公司是在地下室里经营的个人公司还是跨国公司。

无论公司的规模、行业或结构如何，总体原则都是相同的。模式、策略和系统均具有通用性。

为了帮助你实现这一激动人心的转变，使公司在时代中茁壮成长，我按照逻辑推理的方式编写了这本书。这些信息的呈现方式和顺序，与我的公司为企业做咨询时使用的方式和顺序相同。所有的模式、策略和系统已经被数百个客户测试并成功使用，且被证明是有效的。本书各章内容简介如下。

第一章　关系优先公式。在这一章中，我解释了为什么在一个当今时代，原有的商业经营方式不可行，还介绍了以产品为中心的商业模式（产品优先公式），以及为什么你需要用一种新的商业模式（关系优先公式）来取代它。这种模式将帮助你在 21 世纪茁壮成长。

第二章　后产品经济时代的现实。 在你的公司成为关系优先的企业之前，你必须正视后产品经济时代的现实。这些现实不能被忽视或逃避，更不会消失。因此，你的公司必须改变业务，才能避免遭受风雨的洗礼，从而茁壮成长。

第三章　业绩瓶颈。 坚持产品优先的公司最终会耗尽潜力：它们停止成长和进步，达到了我所说的业绩瓶颈。本章探讨了使公司陷入瓶颈的八大原因（即限制因素）。

第四章　首要策略。 要成为一个关系优先的企业，你必须做出许多根本性的改变。你必须在你的组织中采用许多新的模式、策略和系统。我称这些改变为首要策略。本章对它们进行了详细的探讨。

第五章　关系优先企业。 在这一章中，我描述了关系优先企业的范例：一种在极速变化、竞争加剧和即时通信的时代茁壮成长的理想企业。

第六章　关系优先企业情景分享。 为了帮助你理解如何应用关系优先模式，我给出了六个不同公司的假设案例。

第七章 转变。本章讲解了如何将你的公司转变为关系优先企业。我详细解释了每一个步骤，并提供了一系列工具和练习来帮助你做出所需的战略决策。

认真的重要性

我相信许多商业人士仍无法摆脱他们工业革命时代的产品至上思维。然而真正遵循关系优先企业原则的商业人士，将获得巨大的领先优势。因此如果你准备好了，那就开始阅读"第一章 关系优先公式"。

第一章

关系优先公式

"狭义相对论赋予了爱因斯坦在物理史上独特的地位。这篇论文推翻了人类公认的时间和空间观念，彻底改变了绝大多数科学家仍然持有的经典物理学概念……"

——罗纳德·W. 克拉克（Ronald W. Clark），

《爱因斯坦的生活和时代》（*Einstein: The Life and Times*）

当爱因斯坦在 1905 年发表狭义相对论时，他掀起了一场革命，彻底改变了我们对宇宙的理解。牛顿的运动定律在 200 多年里一直是物理学的基石，而随着狭义相对论的发表，爱因斯坦改变了人们的认知。爱因斯坦是如何独自在瑞士专利局工作，又同时完成如此惊人的智力壮举？

历史学家为爱因斯坦的突破提供了许多解释，其中有两个关键原因最引人注目。第一，爱因斯坦在自然界观察到的许多现象无法被牛顿定律所解释，因此他不得不寻找一种更好的方法来解释宇宙。既然牛顿定律不起作用，那他就必须向其发起挑战。第二，他的理论是在当时的科学和学术界之外发展的，因此他没有被官僚或线性的思维所束缚。他可以自由地探索激进的新思想，跳出框架思考，不受既定思维或错误观念的阻碍。这两个因素——更好地解释世界和探索激进新思想的能力——是本书背后的驱动力。为什么？原因很简单。原有的做生意方式不再管用了！

自工业革命开始以来，我们最珍视的商业模式、策略和系统就没有发生过太大的变化，但现在已经过时了。在当今的后产品经济时代中，旧的商业模式根本不起作用。因此我们需要新想法、新模式、新策略、新系统，去创建的不是建立在工业时代行业模型上的策略和系统，而是全新的，与它们的前任没有任何联系的策略和系统。我们要像爱因斯坦一样跳出框架思考。

为什么我如此坚持？因为有这种感觉的人不止我一个。我和成千上万的商务人士共事过，他们中的大多数人对现状都有几点感慨。他们很沮丧，也很困惑。而且，我想，在内心深处，他们很生气。他们生气是因为不管自己多么努力工作，做了多少计划，投资了多少钱，总有一些事情阻碍他们实现目标。为了说明这种挫折感，让我们思考一个虚构的案例——三一齿轮和长杆 [①] （以下简称三一）。

三一：试图在当今世界取得成功

在商界 60 多年，三一经历过很多起起落落，但从未遇到过像目前这样令人困惑的事情。在过去的 10 年里，全球齿轮和长杆行业发生了巨大的变化。随着机器人制造技术引发的变革，三一的客户——主要是制造业工程师——需要更多种类的齿轮和长杆，但是不仅需求数量变少，通常还需要定制。随着定制、适时生产齿轮和长杆的需求不断增长，三一公司曾经长期在产品运营中所享有的

[①] 就像本书中的所有案例一样，这个虚构的案例借鉴了我在咨询实践中处理过的真实案例。

利润已经被削减。事实上，为满足这种新需求，三一的利润增长已连续五年陷入了停滞。

为了跟上技术和市场的快速变化，三一的工程师们不断尝试推出新的产品，如三一1000钛合金齿轮传动单元系列。三一的新产品需要大约十八个月的时间来开发，然而，每次新产品一推出，其主要竞争对手，如公理全球齿轮，立刻就会推出更好的产品。

三一几乎尽了一切努力来打赢这场竞争。它们降低了价格，但也缩减了利润空间。他们增加了在贸易展上的广告和参展人数，但这增加了额外的促销成本。他们甚至试图扩展到其他业务领域，比如他们灾难性地涉足挤压铝行业。但是，所有努力都无助于改善这一旧经济时代行业的现状。

雪上加霜的是，三一的许多长期客户都已经流失到了竞争对手那里。并且客户现在使用互联网来货比三家。如果他们在新加坡找到更合适的价格，就会在那里购买。如果他们在巴西找到更好的长杆，就会从那里购买。三一的每个人都抱怨当今的长期客户没有忠诚度，如果有利可图，客户会在瞬间转变阵营。在跨境购物、电子商务和在线拍卖的时代，三一过去所有的客户服务似乎都变得毫无意义。

当然，如果三一能获得大量新客户，失去长期客户也不会那么糟糕。但拓展新客户也变得越来越难了。三一的销售人员抱怨说，没有人想听他们的推销。制造业工程师太忙了，或者太疲倦了，没有时间听他们解释三一9000系列增黏传动销轴的卓越益处。"我甚至没办法让他们回我的电话！"三一最有经验的销售人员抱怨道。

更糟糕的是，三一的运营成本和技术复杂性不断上升。他们为自身配备了企业级软件、快如闪电的处理器、神经网络、互联网服务器、卫星上行和下行链路、自动化装配设备、及时配送，以及精美的公司网站等一系列新装备。但这些技术都花费了很多钱，而且很多都已经过时了。他们还需要一个庞大的团队来维持所有机器的共同运作。同时在机器运行过程中还不断有故障、崩溃和系统错误出现。即使系统正常工作，使用效果也很令人沮丧，因为三一的每个部门都有自己的信息系统和信息管理方式。部门与部门之间很少共享信息。因此，三一的员工对现有系统感到沮丧，他们大部分时间都在试图拼凑碎片化和不完整的信息。

尽管新技术的益处伴随着这些明显的缺点，但三一的技术专家们还是建议高级管理层不断升级他们的系统，并威胁管理层如果不这样公司就会倒闭。然而三一的很多员工怀疑新技术并不能解决公司的问题。他们也怀疑需要对业务做一些创新，但对于做什么创新或如何开始，他们没有达成共识。

困扰三一公司的问题和困难，今天几乎每个企业都在某种程度上经历过，无论这些企业是来自传统的制造业、服务业，还是来自高科技和数字时代产业。所有人都试图在一个被极速变化、竞争加剧和即时通信所困扰的时代中取得成功。

那么解决方案是什么呢？第一步是要了解为什么商业人士如此沮丧。我相信他们感到沮丧的原因在于他们在使用一个过时的成功公式。我把这个公式称为"产品优先公式"，其表述为：

$$产品（P）× 大量（LN）= 成功（S）$$

人们使用产品优先公式是因为这是他们所知道的唯一的成功公式，而且这个公式给出了非常有说服力的承诺：

如果你有一个产品，而且卖得很多，你就会赚很多钱。成功是如此简单。

推出一款优秀的产品，把它一遍又一遍地制作出来，卖给一大堆客户，并赚取钱财。就是这么回事（注意：我说的不仅是销售有形产品的公司，还有销售服务的公司。这个公式也可以称为"服务优先公式"）。

遵循这一公式的公司有几个共同点。首先，也是最重要的，它们所有的战略思维都以产品为起点。当他们想发展自己的业务时，他们首先要问："我们怎样才能做出更好的产品？"

"我们应该把产品换成不同的颜色吗？我们应该把它变大？变小？我们可以降低产品的价格吗？我们应该换一种分销方式吗？我们是否应该在消费者心中对产品进行不同的定位？或许我们应该制作另一种产品。或许我们应该另起炉灶，做一些完全不同的产品。或许我们应该与我们的竞争对手之一合并。"

使用产品优先公式的公司也很痴迷于竞争，而且随着竞争的加剧，他们会变得更加痴迷。他们花了很多时间来思考：我们的竞争对手在做什么？怎样才能使我们的产品比他们的更好？我们应该降低价格来打败他们吗？我们应该收购他们吗？我们应该让他们收购我们吗？

同样，遵循产品优先公式的公司也会围绕他们的产品制定所有的策略和系统。这些系统是为满足与产品有关的功能而建立的，如工程、制造、分销和财务，因此当这些系统应用于销售和营销等创造性和建立关系的活动时，就会变得严重孤立和低效。

无论有没有意识到这一点，今天世界上大多数公司都在使用产品优先公式。

有三个原因使其发挥作用。

市场环境变化缓慢：在 19 世纪和 20 世纪的大部分时间里，世界的变化不是很迅速。如果你是做鞋的，同一款鞋在很长一段时间里可以被大量销售。市场条件几十年来基本保持不变。你业务中的时尚、技术、法律、法规等方面即使有变化，也是极其缓慢的。你可以持续数年，甚至数十年，大量生产同样的产品，而不用对你的业务做出任何重大改变。

有限的竞争：产品优先公式在工业革命时代是有效的，因为在那些日子里，竞争相对较少。如果你生产汽车，很少有公司从事同样的业务。如果你卖保险，市场上可能同时只有几家保险公司。如果你经营一家酒店，竞争对手只有为数不多的几家酒店。缺乏竞争使你可以反复生产相同的产品或服务，不需要在产品开发方面进行任何额外投资。由于竞争不大，你也有更多的权利来确定价格并保持高利润增长。

缺少信息的消费者：产品优先公式之所以有效，是因为生产者比消费者拥有更多信息。在工业时代，消费者没有像今天这样丰富的信息渠道。消费者通常很难甚至不可能比较价格或寻找替代产品。他们不知道更好的鞋子是否在镇子的另一边，同时只卖一半的价格。况且要穿过城镇也相当困难。消费者对信息的缺失使生产者能够保持利润率，并帮助生产者一次又一次地销售更多相同的产品。

这三个条件——市场环境变化缓慢、有限的竞争和缺少信息的消费者——是产品优先公式发挥作用的必要条件。没有这些条件，这个公式就会失效。如果一切都在不断变化——市场状况、消费者品位、技术——你就必须不断改变你的产品和服务。如果竞争加剧，消费者就会发现你的产品和竞争对手的产品之间的差别很小。这将迫使你进入一个价格陷阱，从而导致你的利润率急剧下降，有时甚至低于零。最后，如果消费者能够迅速并且很轻松地获得关于某一特定类别所有产品或服务的信息，利润率的下行压力将继续加剧。所有因素使得在重复生产大量同类产品的同时，几乎不可能保持健康的利润率。

在我们今天生活的世界里，极速的变化令人眼花缭乱，全球竞争日益激烈，聪明的消费者可以在家里或办公室里舒适地在网上购物。在如今的市场上，产品优先公式发挥作用的三个必要条件已不复存在。简单地说，这个公式已经过时了，围绕这个公式所做的所有努力包括价格战、产品线延伸、零售促销、广告活动、赞助、优化网站、开发新技术、战略联盟、收购和兼并——终将证明是徒劳的。

鉴于当今世界正在发生的变化，为什么人们仍然坚持原有的产品优先公式？原因有两个。第一，这个公式长期扎根在我们的文化中，我们大多数人都没有意识到在使用公式。第二，即使我们意识到在使用这个公式，并且有改变它的倾向，那么支持原有公式的嵌入式策略和系统往往是一个看似不可逾越的障碍。

无论是缺乏对公式的认知，还是无力改变现状，对公司来说都充满了危险。继续以产品优先公式为基础的公司在未来将不会继续成功。随着变化的加速，在任何特定产品上赚取利润将变得更加困难。随着竞争的加剧，要走出商品陷阱并保持高利润率将越发困难。随着消费者越来越多地使用互联网来选择最优惠的价格和产品，企业的净利润将受到进一步的挤压。

在这种环境下，新技术或消费者品位的变化可以使你一夜之间失去业务。至少，为了让原有的成功公式发挥新作用，你会浪费大量的时间、金钱和精力。请记住，我所说的是任何以产品或服务为起点进行战略思考的组织——软件公司、旅行社、政府机构、行业协会、咨询公司。

那么，这个问题的解决方案是什么呢？

我们需要抛弃产品优先公式，采用一种全新的商业模式：关系优先公式。

关系优先公式

为了在这个极速变化、竞争加剧和即时通信的时代中苗壮成长，企业家们要抛弃 19 世纪的思维，采用更适合 21 世纪的商业模式。这种新的思维方式，我称作"关系优先公式"，可以表述为：

优质关系（QR）× 独特价值（UV）= 成功（S）

这个公式有一个最重要的原则：你不是围绕产品或服务建立你的业务，而是围绕特定类型的客户建立你的业务。企业的使命是为这种类型的客户提供源源不断的独特价值。公司的所有策略、流程和系统都是为了提供这种价值，并促进与这种类型的客户的长期关系。我把这种企业称为"关系优先企业"。

为什么关系优先公式对我们所处的时代更有意义？

因为它善于利用变化，关系优先的策略和系统使它能够迅速锁定新生的、未预见的、高利润的机遇。

关系优先企业不担心竞争，因为不存在竞争。并且企业在客户心目中是独一无二的，因为它为客户提供了源源不断和不断扩大的独特价值。同样，因为企业的信息系统是围绕着客户，而不是产品或服务建立的集成系统，所以关系优先企业将可以利用即时沟通来发挥它的优势：加深它与客户和潜在客户的关系。

为了说明这两种商业模式的区别，让我们看看两个虚构的公司——一个仍在使用产品优先公式，另一个则采用关系优先公式进行了自我改造。

辛泰克斯交换公司：陷入"产品优先"的陷阱

40 年来，在全球范围内辛泰克斯交换公司（Syntax Switching）一直是电话交换行业的领导者。辛泰克斯交换公司由杰出的工程师和科学家艾米特·辛泰克斯（Emmett Syntax）博士于 1952 年创立，在为电话公司和私人电话交换机开发新型交换机方面处于行业领先地位。随着在 20 世纪 70—90 年代公司利润的稳步增长，辛泰克斯交换公司在世界各地建立了 20 多个不同的制造和产品开发中心，雇员的数量也在同步增长。

然后在 20 世纪 90 年代末，该公司的销售收入达到了高峰。然而随着外国竞争对手进入市场，公司利润开始下降。电话交换设备的价格急剧下降。随着技术革新步伐的加快，辛泰克斯交换公司被迫更频繁地推出新产品。产品的平均生命周期从 20 世纪 80 年代的三年缩减为 20 世纪 90 年代末的不到三个月。此外，客户开始要求交换机定制服务，而且他们不希望等待数月或数周才能交货。但是辛泰克斯的业务系统无法有效地处理定制订单。

由于装配厂不能满足客户的期望，销售人员开始感到沮丧。

更糟糕的是，该公司推出的新交换机——银河系列——市场反响更是美到令人沮丧。当新产品准备投放市场时，电话行业已经采用了与新产品系列不兼容的标准协议。辛泰克斯交换公司没有人愿意为这次失误承担责任。毕竟，谁能在两年前就预测到行业会改变其标准呢？

尽管全球电信业正以惊人的速度发展，但辛泰克斯交换公司的情况却很不乐观。公司的销售业绩惨淡，员工的士气跌到了谷底。公司的工作氛围令人非常消极和不愉快，员工不断地辞职。留下的员工对公司失败的计算机系统也感到沮丧。一项生产率统计显示，公司员工将平均 80% 以上的时间花在低价值的机械式的工作上，而直接与客户打交道的时间不到 20%。

为了解决困扰辛泰克斯的问题，高级管理层在一个高尔夫度假村召开了一场紧急周末会议。高管们滔滔不绝地谈论着行业的未来，交换机技术的发展方向，以及他们可以制造什么新的创新设备来跟上行业的发展。然而在会上很少有人提到公司的客户和潜在客户，因为大多数高级管理人员对客户不是很了解。在会议结束时，公司决定基于辛泰克斯的工程师们开发的一些令人兴奋的新技术而研发另一个系列的交换机产品——5200 系列星体交换系列。高级管理人员对新系列产品的潜力感到兴奋，但其中一些人却持保留意见，他们认为等产品在 18 个月后推出时并不会成功。这些人是对的。该公司最终进入了破产管理程序。

篮球人：一家关系优先企业

很少有人记得篮球人（The Basketball People）只卖篮球的日子。那是在 1999 年，当时它的名字还是博斯篮球公司（Bouncy Basketballs Incorporated），是世界上五大篮球制造商和经销商之一。

在那一年，博斯篮球公司的管理层意识到他们的商业模式必须改变，否则他们将走向破产。篮球市场不再景气，销量平平。随着低价篮球从海外进入市场，产品竞争加剧。读完这本书 2000 年的版本后，博斯篮球公司的总裁何瑞修·胡朴（Horatio Hoop）决定放弃公司的产品优先公式（篮球），而采用关系优先公式。

公司转型的第一步是选择其目标客户类型。这很简单：篮球运动员。何瑞修·胡朴和他的团队决定围绕"篮球运动员"而不是"篮球"来建立他们的业务。虽然看起来很简单，但这个决定完全改变了公司的命运。

通过关注篮球运动员，员工们多年来第一次开始了创造性的思考。他们问自己："我们能向篮球运动员提供什么独特的价值？他们需要什么？他们想要什么？"第一个答案很简单："我们可以卖给他们篮球，这是肯定的。"还有什么？"我们可以向他们出售篮球服、篮球训练视频、篮球队管理软件，以及有关职业篮球运动员的信息。我们还可以通过赞助锦标赛或在线论坛将篮球运动员聚集在一起。我们可以出售篮球奖杯、后院篮球架，甚至建造篮球场。如果我们真的成功了，我们甚至可以购买一支职业篮球队。"

所有这些想法都让何瑞修·胡朴和他的团队对公司的

未来感到非常兴奋。毕竟，无论世界在未来如何变化，可能永远都会有篮球运动员。这是公司在一个充满变化的世界中可以依赖的东西。他们也不用再担心竞争，因为篮球销售将只是他们业务的一小部分。此外，他们新的关系优先方式也将为他们的网站注入活力，作为一个昂贵的"电子广告册"，该网站已经萎靡不振多年了。

为了启动新的方向，该公司将其名称改为"篮球人"，并出版了一本《篮球运动员基本手册》，以印刷品和电子书的形式免费提供给任何在公司网站或在公司 2000 多个零售点中注册的人。所有从图书推广中收集到的信息都被录入公司的客户数据库。在 18 个月的时间里，活动共收集了超过 75 万名篮球运动员的详细信息，其中包括他们的电子邮件地址。

在这期间，篮球人开始建立世界上规模最大的篮球网站。该网站包括所有 NBA[①] 球队的统计数据、来自专业篮球运动员的运动技巧分享、篮球队管理软件或锦标赛的免费管理软件、篮球技巧训练手册、运动损伤诊所列表、讨

---

① NBA：美国男子职业篮球联盟。

论论坛、在线篮球季后赛赛程和篮球人商店，商店中售卖包括由 5000 多个供应商销售的篮球相关产品。无论你想买什么，只要是关于篮球的，你都可以从篮球人那里买到。

在 5 年的时间里，篮球人已经与全世界超过 1500 万名篮球运动员建立了联系，同时获得了大量的球员信息。这些信息会被用来为球员们创造更多有趣的产品和服务。通过使用电子邮件和篮球人网络电视频道，公司能够与数据库中的每一位球员进行快速而便捷的沟通。

更重要的是，围绕着以篮球运动员为中心的思想，该公司开发了一个以客户数据库为中心的信息系统。无缝集成，并以组件化的组织原则为基础（详见第七章），该系统可以使篮球人在几天内就创造出新的产品和服务。如果出现了新的机会，该组织可以迅速分类、处理并提供完全独特的产品和服务合集。

通过采用关系优先公式，公司业务规模得到了指数级的增长。它永远不会为产品和服务创新耗尽新的想法。篮球人公司在市场上不存在竞争：事实上，公司以前的一些竞争对手现在正在篮球人网站上有偿销售他们的产品。

利润率远远高于平均水平。收入已经增长了 1000% 以上。但真正的成功标志就发生在最近，篮球人出售了其篮球制造部门。"对我们来说，生产这些产品已经无利可图"，该公司的一位高管在出售时说。"现在我们只是卖掉它们，而别人却还在制造它们。"

两个公式的故事

辛泰克斯交换公司和篮球人之间的区别很多，但有几个区别很突出。当辛泰克斯交换公司继续将其战略重点放在其产品上时，篮球人则转而采用关系优先公式。

在许多方面，战略重点的变化使篮球人获得了自由。他们可以自由地创造性地思考帮助篮球运动员从比赛中获得收获的方法。他们摆脱了狭隘的"篮球"思维。他们也从对变化的恐惧中解放出来，从对竞争的迷恋中解放出来，从单靠技术的力量解决问题的盲目自信中解放出来。他们开始学会倾听并向客户学习。

另外，可悲的是辛泰克斯交换公司的人从未进行转变。他们倒闭了，抱怨着世界的变化有多快，竞争的不公平，以及互联网等技术最终破坏了他们的业务。

归根结底，这两家公司的故事很清楚地表明：一家成为关系优先的企业，而另一家却没有。

我的启蒙时刻

像我们所有人一样，我曾经生活在产品优先公式的魔咒之下。早在 20 世纪 80 年代末和 90 年代初，我对名为在线公告板系统（BBS）的新计算机技术非常感兴趣。当时，在互联网大规模普及之前，BBS 风靡一时。我创办了一家公司，为协会、杂志和公司建立 BBS。我的梦想是向尽可能多的人出售 BBS 订阅服务。

有一段时间，我以为我正在走向名利双收的道路。几千人订阅了我的服务。劳斯莱斯的钥匙正在等着我。不幸的是，这个梦想从未实现过。当互联网大潮滚滚而来的那一天，每个人都对 BBS 失去了兴趣。我被新技术碾压了。我以前充满热情的客户毫无歉意地取消了他们的 BBS 订阅，并立即与一个互联网服务提供商签约。几乎在一夜之间，BBS 业务就被打入了冷宫。

这个毁灭性的挫折迫使我进行认真的反思。我做错了什么？然后我想到了。我正在围绕一个产品和一个非常具体的技术类型来建立我的业务。我后来意识到，新技术终将会出现并改变一切。但在我享受成功的同时，我并没有保持警惕。从各种意义上，我都不敢看外面发生的改变，因为我在 BBS 技术上投入了很多，导致我不敢去思考有什么可能会破坏我的梦想。

当我意识到我以产品为导向的做法是愚蠢的时，我便开始思考如何建立一个能更有效地抵御未来冲击的企业：一个不会依赖变幻莫测的技术来获得成功的企业，一个即使处在加速变化的时代也能蓬勃发展的企业。

我开始思考我的客户。我想试图为他们做什么呢？我一直试图帮助他们利用数字技术在业务上取得成功。帮助我的客户与 BBS 本身没有任何关系。事实上，我一直试图将 BBS 卖给那些并不真正需要它的人。我一直沉迷于我自己的产品和我自己的梦想，从而完全失去了对客户真正需求的了解。因此，我完全忽略了互联网时代的到来。

就在这时，我想到了。如果围绕我的客户（企业主）建立业务，我可以转而为他们的业务成功提供所需要的任何东西。如果他们需要 BBS，很好，但如果他们不需要，那么我会以其他方式帮助他们。

就在这个时刻，创意的闸门打开了。我们可以做几百件事情来帮助商业人士更有效地利用技术来开展业务。从那一刻起，我们的业务量爆发了。我们写书，举办研讨会，发表演讲，进行审计，并使用几十种不同的技术建立营销系统。而最重要的是，我们的客户也开始成功。通过摆脱对产品的盲目追求，我们可以准确地看到我们的客户真正的需求，从而帮助他们取得成功。

这时我意识到我们已经进入了一个后产品经济时代世界，成功将基于关系而不是产品。

第二章

后产品经济时代的现实

"我确信，除非世界上所有的人都彻底和全面地接受自我教育，否则世界上的任何问题都没有解决的希望。只有这样，社会才能够识别并互相沟通整个世界面临的重要问题。只有这样，人类才可能有效地梳理出这些问题，并将这些问题按重要性排序，以找到对地球上所有生命都有效的解决方案。"

——理查德·巴克敏斯特·富勒（R. Buckminster Fuller）

作为哲学家、建筑师和短程线圆顶结构的发明者，理查德·巴克敏斯特·富勒一生都致力于解决全球问题。他解决全球问题的方法被称为"综合性预期设计科学"，该方法提倡在整个系统下审视每一个具体问题，如饥饿、资源枯竭、环境恶化和军国主义等问题。富勒认为，只有从这种"大局"角度出发，才有可能设计出新的模式、策略和系统来解决这些全球问题。

要成为一个关系优先企业，你和你的公司还必须在全球后产品经济时代的背景下看待问题。你必须正视我们今天所处世界的现实：一个以极速变化、竞争加剧和即时沟通为特征的世界。你需要承认，这些现实是大势所趋并将长期存在。自工业时代以来，世界已经发生了根本性的变化，我们永远不会回到过去。你必须相应地改变你的商业模式、策略和系统，否则就会被淘汰。

因此，第一步是要正视所面临的后产品经济时代的现实。以下是我总结的对每家企业都有重大影响的八个基本现实。为方便阅读和书写，在后文我将后产品经济时代的现实统一简称为后产品现实。

1. 变化的速度正在加快

2. 商品利润正在暴跌

3. 消费者主宰市场

4. 潜在客户更难接触

5. 分散的市场和渠道

6. 产品的生命周期正在缩减

7. 技术发挥着举足轻重的作用

8. 现有的市场不足

让我们来详细了解一下这些情况。

现实 1：变化的速度正在加快

当今世界，事物的变化速度越来越快。在我们个人生活的方方面面——政治、经济、文化、技术、精神——都表明我们正被变革的浪潮席卷。同时，变化的速度也在加快。即时全球通信正在加快新思想、符号和图像的传播。更新、更快、更智能的计算机正在加速新技术的发展。而全球不同文化和社会规范的冲突正在加速几乎所有的机构和传统的变化。

这种"加速"，或者用巴克敏斯特·富勒的话说，这种"加速的加速"，正在导致阿尔文·托夫勒（Alvin Toffler）所说的"未来的冲击"。每一天，我们醒来时都会想："接下来会发生什么？今天会发生什么使我们的生活和业务发生重构性的变化？"

令人感到讽刺的是，随着变化的加速，像是说好的一样，越来越多的顾问、权威专家和未来学家开始预测未来。每当你拿起一份报纸或杂志，打开电视，收听广播或者在网上冲浪时，总会有一个专家告诉你这个世界在接下来的一个月、一年或者十年后会变成什么模样。而且这股风潮不只限于传媒界。无论规模是大是小，许多公司都充斥着专以预测未来为业的家伙。他们预言并自以为是地说道："下一年，我们的市场会增长 50%；五年后，这项技术将应用于每个家庭中；三年后我们的竞争对手会推出这一类产品；我们需要购买这种电脑，安装那类软件，它们会成为下一个十年的标准技术；我们需要围绕这个产品建立我们的业务，未来的消费者会需要它。"

所有这些预言都像是为了给一个混乱的世界带来一些秩序的迹象，使不确定的未来更加确定。但这种预言很危险。为什么这么说？因为加速的变化意味着你没有办法预测未来。事实上，如果有人做了预言，那就押注它不会实现。预言不会成真的概率更大一些。逻辑很简单，在每一种情况下都有几百万，也许几十亿的变量的世界里，谁又能声称自己能预测未来？

问题是：所有使用产品优先公式的公司都是基于对未来的预测来经营业务。假如这些公司决定开发一种特定的产品，只是因为公司预测未来有对这种产品的需求。当公司配备新电脑、软件和设备时，也是因为这些技术可能会使公司在未来更具竞争力。

当然，他们的决策可能是错误的，而且在这个加速变化的时代，他们决策错误的可能性很大。关键是，基于对未来的预测做出的战略决策，无论有多少研究来支撑都可能是错误的。这就是如今大量公司对变化的加速感到沮丧的原因：公司的组织模式、策略和系统，都是基于预测而设计的。当未来与预测不符时，公司的组织架构就无法改变并适应。

那么，还有什么选择呢？很简单。与其预测未来，不如面对事实——你没办法知道未来会带来什么。面对未知的未来你要保持自信，不要围绕对未来的预测建立你的业务。而是要建立当出现未预料到的机会时能够迅速做出反应的业务。这样，你就不会害怕变化，而是会迎接它。每个变化都会被视作机会，而不是趁你不注意时迎面而来的导致事故的巨大货车。

一家关系优先企业是一家旨在利用变化的公司。其所有的模式、策略和系统都是基于你无法预测未来这一观念。你唯一能准备的就是在新的机会出现时抓住它们。在后面的章节中，我将解释帮助企业转变为关系优先企业的新模式、策略和系统，以及如何对加速的变化加以利用。

现实 2：商品利润正在暴跌

在我们的全球经济中，商品的利润不断下降。这意味着你每卖出一件商品所获得的利润将不断下降。而且我说的不仅是传统商品，如石油、铝土矿或猪肚。商品是指被消费者认为无论谁在销售都一样的任何产品或服务，现在商品即包括个人电脑、金融产品、长途电话、航空旅行、咨询服务、篮球、慈善事业和数百项其他商品在内的商品和服务。

如果你销售的产品或服务与你的竞争对手基本相同，你就是在做商品生意，而你唯一的竞争策略就是降低价格。赢利的唯一途径是提高效率或削减成本，或两者兼而有之。随着你的竞争对手数量的增加，你会面临更大的压力，从而一再降低价格。因为你的客户可以利用即时通信技术准确地了解到市场最低价，你就会面临再次降价的压力。在很短的时间内，你的价格和成本之间的差额（利润）会降到几乎为零。在今天的全球经济中，事情将变得更加糟糕。

现如今，各类企业正在免费赠送商品，从而开启与客户的长期关系。例如电话企业现在赠送免费电话，甚至免费电话服务以获得新用户。还有一些企业在赠送电脑、互联网服务、软件和其他商品。在这些情况下，产品的价格几乎为零！根本就没有任何利润空间。利润率实际上是负的。问题是：如果你的一个竞争对手也开始赠送赠品，那你会怎样？谁知道未来会发生什么（我当然不知道！），但我们可能会看到公司赠送免费的汽车或房子，以便向客户推销更有价值的东西。如果这种情况发生，我就不想做卖车或卖房的生意了，因为我不可能以任何价格达成交易！

那些销售商品并发现其利润不断受到挤压的公司陷入了"商品陷阱"。因为它们从每笔交易中赚取的利润非常少，它几乎没有剩余的钱来对创新进行研究或对更有效的营销系统进行投资。他们也没有动力花费宝贵的时间与客户相处。毕竟，如果他们在每笔交易中只赚几分钱，他们就不能在客户身上花更多的时间，因为那些客户不值得这样做。同样，他们也没有动力来增加产品的额外价值或质量。毕竟公司负担不起。所有这些因素正在推动公司一步步地陷入商品陷阱。

基于产品优先公式的公司注定会落入商品陷阱。若想将相同的产品大量销售出去，这些公司将别无选择，只能在新的竞争对手进入市场时降低价格。他们甚至将产品价格定得低于成本，试图将竞争对手赶出市场。在大多数情况下，这些策略都会失败，并使公司固守在他们的产品上，永远陷入商品陷阱。

然而，关系优先企业绝不会落入商品陷阱。通过为客户提供源源不断的独特价值，关系优先企业也就没有可以比较的竞争对手。没有竞争意味着没有价格竞争。因此，关系优先企业自然可以设定它认为市场可以承受的价格，而不必担心竞争对手。与公司有优良关系的客户很少货比三家或者比较价格。客户们将忠于与你的关系，并且愿意为他们获得的价值支付一个公平的价格。这样一来，关系优先企业就能获得健康的利润率所带来的益处，可以用多余的钱投资于创新理念或培养更多高质量的商业关系。关系优先企业还可以利用这些利润投资于各种能力，使其在未来能够抓住更好的机会，而这反过来将产生更多的利润。我把这种由健康的利润率带来的持续上升的状态称为"利润率倍增器"。它与商品陷阱完全相反（在接下来的章节中，我将解释各种模式、策略和系统，它们将帮助你走出商品陷阱，并对利润率倍增器加以充分利用）。

现实 3：消费者主宰市场

当我在写我的前一本书《数字时代的全球营销》（*Global Marketing for the Digital Age*）时，我花了很多时间在附近的咖啡店写作。店主特伦斯（Terence）10 多年来一直生意兴隆。他问我："我为什么要担心全球化的问题？我在这附近有很多忠实的客户，我对在世界各地开其他店不感兴趣。我不认为全球化与我有什么关系。"

起初我认为他说得有道理。我知道全球化在几乎每一个行业都在增加竞争，但也许像特伦斯这样的小企业主可以幸免，因为他的客户是非常忠诚的。他的咖啡店是许多客户的第二个家。无论发生什么事，总会有铁杆咖啡粉客户来支持他。但特伦斯和我都错了。在接下来的六个月里，有三家加盟店在附近开设了咖啡店。起初，特伦斯的客户发誓他们永远不会在其他店里喝拿铁或浓缩咖啡。但慢慢地，随着时间的推移，他们中的许多人被更低的价格和更高的咖啡品质所吸引，渐渐走进新咖啡店。特伦斯的收入和利润急剧下降，而咖啡店充满吸引力的社区氛围也随之减弱。至此，全球化又有了一个受害者。

特伦斯的故事正在很多国家发生，这让我们学到许多教训，但有一点是最重要的，在我们这个跨境竞争的时代，基于产品的消费者忠诚度已经逝去。指望客户与你的产品风雨同舟的日子已经过去了。今天，当更好的产品或服务出现时，你的客户可能会四散逃离。当货币汇率出现巨大差异时，国内的消费者会兴高采烈地跨境去买便宜货，让本土商人陷入困境。如果一项新技术进入市场，客户会迅速放弃现有的设备而选择时髦的新产品。

为什么消费者的忠诚度消失了？我相信有两个原因。

第一，消费者不再忠诚是因为大多数生产厂商并未给过消费者任何忠诚。尽管都在否认，但大多数公司对待他们的长期客户并不比刚进门的客户好。更糟糕的是，他们往往把忠诚的客户视为理所当然，把所有的时间和精力都放在争取新的业务上。

第二，今天的消费者缺乏忠诚度是因为他们比生产厂商强大得多。是消费者，而不是生产厂商，决定了市场的规则。而在工业时代，情况恰恰相反。在那些日子里，生产厂商的数量有限，人们渴求产品。生产厂商确定价格、交货日期、保修条款（如果有的话），并决定了有哪些选择（如果有的话）。因此在工业时代，生产厂商占了上风。而且客户的选择几乎是无限的。他们有越来越多的机会获得市场信息。他们的品位也更加复杂，越发全球化。而且他们会反复变化。如果有更好的东西出现，当今的消费者会在瞬间抓住它。

他们只想以最低价格得到最好的品质，而且他们并不关心从何处得到。如果他们能在坦桑尼亚得到更低的价格，他们就会在那里购买。如果他们能在中国得到更好的质量，他们就会去那里。毕竟，这只是生意，对吗？消费者地位的上升对每个企业都有重大影响。如果你的业务是以产品为中心，那么你在客户关系方面的不确定性会增加。如果你的客户只是因为你的产品而与你产生联系，那么他们在更喜欢别人的产品时就会放弃你。他们不会给你第二次机会。对于任何以产品为中心的公司来说，失去客户将是不可避免的。在一个不断变化、消费者兴趣转瞬即变、技术飞跃的时代，更好的产品迟早会出现，并诱惑你的客户。

第三，关系优先企业并不担心消费者力量的增加。事实上，关系优先企业反而会给予消费者更多的力量，要赋予他们权利，要给他们更多的选择，要给他们更多的信息，要跟上他们不断变化的品位和情绪。关系优先企业通过发展与消费者的长期关系，在不断提供独特价值（UV）的基础上，赋予消费者权利。无论客户想要什么，关系优先企业都致力于帮助他们获得。如果客户想要竞争对手的产品，关系优先企业会帮助客户得到它。如果客户想在莫桑比克买东西，关系优先企业就会实现远距离交易。只要客户需要帮助、信息、建议或能力，关系优先企业就会出现。关系优先企业能给消费者的权利越大越好。因此，关系优先企业因更强大的消费者而繁荣，而不是对消费者不管不顾。

现实 4：潜在客户更难接触

人们经常要求我描述销售和营销之间的区别。用我的话说，销售是一种动态的活动：销售人员积极主动地打推销电话或上门拜访。与此不同，营销是一项有吸引力的活动。营销人员不必打推销电话，而是接听来自潜在客户的电话。营销人员不需要敲门，因为人们正在主动接触他或她。如果可以选择，我宁愿成为一名营销人员而不是销售人员。我宁愿让客户来找我，而不是把我的余生花在试图让不情愿的人听我推销上面。我不想落得像《推销员之死》（*Death of a Salesman*）一剧中悲惨的主角威利·罗曼（Willy Loman）那样的结局。

令人惊讶的是，大多数公司将大部分时间、精力和金钱都投入到销售上，而对营销的投入却很少。在我的公司进行的一项持续调查中，我们发现一般的公司将大约 80%的精力用于销售，20% 用于营销。

虽然营销看起来对企业的业绩增长更明显、有效，但为什么大多数公司如此强调销售呢？有三个原因。

第一，大多数公司把重点放在销售上是因为销售可以比营销更快地看到结果。如果你打推销电话或登门拜访，你可能马上就能实现成交。

第二，大多数公司关注销售是因为他们认为营销是一种成本。他们认为花在广告、宣传、通信、网站、贸易展览和其他营销工具上的钱是一种开支成本，也许是一种必要的开支成本，但归根到底还是一种开支。在这种营销即开支的心态下，公司自然本能地将营销成本降到最低。因此，尽管可以证明，随着时间的推移，营销的成本其实更低，但这些公司还是更愿意把钱花在销售上。

第三，充满活力的销售人员挨家挨户推销的画面是工业时代最持久的标志之一。有一则寓言故事，内容是这样的：当一家公司发明了一个划时代的产品，销售人员就开始了寻找客户的英勇探索。在经历了许多考验和磨难之后，我们身经百战的销售人员带着销售额回到家中，受到热烈欢迎。这个寓言故事已经伴随我们近 200 年了，要我们放弃它几乎是不可理解的。这就是为什么质疑销售职能的作用和效用在许多公司被视为是对神圣的亵渎。然而，在今天的全球经济中，潜在的客户越来越难接触到。越来越多的销售人员抱怨与潜在客户沟通更加困难。他们无法让潜在客户听他们推销。但这是为什么呢？为了理解这个问题，让我们从历史的角度来看待这个问题。

在工业时代，人们更愿意花时间听人推销。因为生活节奏比较慢，而且传达的信息较少。

消费者不太倾向于阻止销售人员打来的电话，或上门拜访。由于缺乏信息，人们实际上想听别人推销。工业时代的全盛时期是销售人员的黄金时代。

当然，今天的情况有很大不同。无论在哪里，消费者都不断受到销售信息的轰炸，无论是通过电视、广播、杂志、报纸、电影、网络、电子邮件、直邮、广告牌、电话营销，还是通过社交媒体。因此，今天的消费者受到感官过载的困扰，他们唯一的防御措施是屏蔽任何不必要的推销。

同样，相比于工业时代，今天的消费者拥有的时间更少。消费者在家里和办公室全力以赴地工作。他们没有太多的时间来听人推销。他们也很疲惫。他们认为自己已经听够了。他们听过那么多的推销，早已善于打断所有的推销话术。

出于自我保护，如今的消费者有很多工具可以阻挡你的推销。他们有频道转换器、私人语音信箱、呼叫显示、电子邮件过滤器，以及受过培训专门将讨厌的销售人员拒之门外的个人助理。具有讽刺意味的是，随着销售人员更多地使用技术来接触潜在客户，消费者也更多地使用技术来阻挡他们。

最近，我体会到当今的公司要接触到消费者是多么困难。当我在超市购物时，一个拿着写字板的年轻女子走到我面前问道："您愿意花 20 分钟来回答关于我们商店的调查吗？"我有两个孩子，有生意要做，还有非常繁忙的日程安排，我的答案很明显："不，我没有 20 分钟来做调查。即使我做了，对我有什么好处？我给了你关于我自己的各种有价值的信息，我能得到什么？"这些问题让她大吃一惊，但她赌气地回答："好吧，在未来，这将意味着你会从我们这里得到更好的服务。"我对她的快速思考印象深刻，但对她的回答却不以为然。公司要求我提供一些有价值的东西（关于我自己的信息），以换取在遥远的未来的一些模糊的价值。

当我离开的时候，我想：为什么他们不为我的商品提供 20 美元的折扣，或者其他有价值的东西？难道他们想从我这里得到的信息不值这些吗？由于没有向我提供任何价值，该公司没有获得我的信息。就像销售人员一样，调查人员无法接触到我这个潜在客户，因为我太忙了，不堪重负，而且很疲惫，无法填写一份研究调查。

你和潜在客户之间的障碍越来越大，这对每个企业都有严重的影响。如果不能向潜在客户传达你的销售信息，你就不能发展新的业务关系。随着潜在客户变得更难接触，你的业务将变得越来越孤立。你所有的推销都会变得更加令人沮丧、昂贵和徒劳。

坚持产品优先公式的公司受到这一趋势的打击将尤为严重。这些公司越是专注于产品，就越是倾向于继续进行推销。它们将继续喋喋不休地介绍自己的产品，以及它们的产品如何比竞争对手的更好，而消费者将更加厌烦推销，同时变得越来越难接触。

在今天的全球经济中，推销不再是开始新业务关系的有效方式。必须有其他方式来取代它的位置。答案很简单。为了"吸引"人们到你的公司，你必须在最初的销售和营销过程中付出价值。我把这称为"吸引者营销"。与其做一个动态的推销，你不如为潜在客户提供真正有价值的东西，从而吸引他们。你提供的价值越大，他们就越会被你吸引。毕竟，你是那个试图开启关系的人，因此你的工作是在一开始就为潜在客户提供有价值的东西。如果你只是给他们做推销，他们可能不会感兴趣。但如果你给他们一些有价值的东西，他们反而会更感兴趣（在接下来的章节中，我将更详细地解释这一营销概念）。

现实 5：分散的市场和渠道

在工业时代，你的产品只有一个市场（大众市场），你的产品可以用几种方法来分销，也可以同时在几个地方推广。一份营销计划就是一份简单的文件。但在今天的全球经济中，创建一个营销计划可能是一场噩梦。如今全世界有成千上万的潜在市场、无数的分销方式以及大量的促销机会。对于一家以产品优先公式为基础的公司来说，这种市场和渠道的分散只是这个世界变得疯狂的又一个令人沮丧的例子。

为了应对市场和渠道的碎片化，商业人士现在接受了细分市场的概念。他们更多谈论的是市场"细分"：以某种方式定义的独特客户群，如富有的投资者、房主或家长。细分营销的目的是选择一个独特的客户群体，确定他们的特殊需求，并通过独特的"细分"产品、分销渠道和促销手段来满足这些需求。例如，一所大学可能为家长编写一本特殊的教育工作手册。他们将利用现有的教育材料，为家长定制一本工作手册。他们希望通过为家长服务的商店分发工作手册，并通过以家长为目标群体的杂志和网站进行宣传。

许多公司试图进行细分营销，但他们中的大多数人都没有能力完成这项任务。这是因为他们所有的策略和系统都是基于产品优先公式。例如，让我们看看三一公司的齿轮和长杆，我们在第一章中见到的公司。围绕产品优先公式，三一公司首先开发了新的三一1000钛合金齿轮传动单元系列产品。然后新产品将转向其营销部门，要求营销团队开始寻找一些客户。

营销人员为新系列制定了一份销售手册，并将其发送给他们的客户和潜在客户：制造工程师。人们的反应很冷淡，所以他们决定将目标放在两个细分群体：汽车零部件制造商和消费品制造商。然后他们决定更进一步，将第一个群体细分为大型汽车零部件制造商和中型汽车零部件制造商。对于每一个细分群体，三一公司为其量身定做产品，选择独特的分销渠道，并在不同的贸易杂志上刊登独特的广告，以满足每个群体的需要。

　　该公司的细分营销计划进展顺利，直到开始获得订单。大多数客户都在寻求定制订单。他们想要符合其特定规格的钛合金传动单元。但当这些订单被送到制造厂时，一切都乱套了。员工、设备和公司的计算机系统根本无法处理大量的定制订单。交付日期被一再延长。随着产品数量的减少，成本也随之上升。工人感到愤怒以及对公司信息系统感到失望。销售人员很生气。客户感到很失望。质量受到影响。在三一公司的案例中，全球分散的市场和渠道撞上了该公司以产品为中心的过时系统。

　　三一公司的故事（基于我所熟悉的几十个真实案例），展示了今天大多数公司所面临的困境。随着它们从大众营销走向细分营销，它们的策略和系统变得越来越不合时宜，他们完全没有能力应对细分的最终形式（一对一营销）。他们不能为每个客户创造定制产品。他们无法处理独特的分销渠道，也无法集成独特的促销方案。然而关系优先企业本身就致力在一个市场和渠道分散的世界中茁壮成长。它的策略和系统使它能够向每个客户提供独特的价值。关系优先企业已经放弃了具体产品的概念，而接受了价值组成部分的概念。它的所有产品、服务、想法、信息和能力都被提炼成单独的价值组成部分。公司的使命是不断为其指定的客户类型增加更多的价值组成部分。其系统使客户能够利用即时通信技术轻松地将这些部分组装起来。这样，关系优先企业认识到，市场和渠道将继续分裂，直到每个客户都构成一个独特的市场，有自己独特的分销渠道和独特的沟通方式。（在接下来的章节中，我将解释如何设计策略和系统，以帮助你在一个市场和渠道分散的时代茁壮成长。）

现实 6：产品的生命周期正在缩减

在工业革命时期，产品"生命周期"的概念是不为人知的。19 世纪和 20 世纪初生产的产品——如鞋子、冰箱、衬衫、汽车、糖块——似乎有无限的寿命。生产者可以年复一年地生产同样的产品，很少有修改或变化。

一个产品的寿命有限，或者说生命周期的概念，只是在过去几十年为了应对全球现实的三大趋势即极速变化、竞争加剧以及即时通信而出现的。这些趋势中的每一个都缩短了产品在市场上的持续时间。公司被迫调整其产品，以跟上新技术、新想法和新的消费趋势。竞争迫使公司不断改进和重新包装其产品和服务。而互联网即时通信的发展也满足了消费者对异国情调和新奇事物的胃口。显然，在今天的市场上，不可能再月复一月、年复一年地运营相同的产品。你必须每年、每月、每天、每小时、每分钟都想出一些新创意。对于使用产品优先公式的公司来说，产品生命周期的缩减是一个令人沮丧的现实，因为这些公司的组织是为处理长期产品运营（大数量），而不是短期运营而设计的。它们的系统无法应对一个产品的快速诞生、成长、成熟和衰退。每当他们不得不推出一个新产品时，就会出现混乱。它们必须全面改造他们的生产设备、计算机系统、营销材料、分销方法和销售宣传。这就像试图让一艘巨大的远洋客轮表现得像一艘动力艇那么难。

随着我们在 21 世纪更进一步深入地发展，产品的生命周期将继续收缩，直到每个产品都是独一无二的，每个订单都是定制订单。产品的生命周期将为零。因此产品生命周期的概念将变得过时。在这个世界上，任何围绕产品优先公式而设计的公司也将变得过时。这些公司也将无法迅速地生产出独特的产品，以满足客户的期望，也无法获得足够的利润来维持经营。

让我们把目光聚集到产品生命周期缩减的情形。考虑一下塔庙公司（Ziggurat Incorporated）的情况，它是世界上领先的个人电脑制造商之一。作为计算机行业的先驱，塔庙几十年来一直在个人电脑市场上占据领导地位。它为个人电脑的开发、制造、分销和营销建立了一个高效的系统。它每 18 个月就会推出和销售一款新的个人电脑系列。客户可以通过选定的零售商、计算机顾问或通过塔庙的先进网站购买塔庙的计算机。

在大多数观察者眼中，塔庙似乎有自己的同步行动，但在过去 5 年中，该公司面临着来自一家名为起源个人电脑公司（Progenitor PCs Incorporated）的新锐公司的激烈竞争。消费者对起源争先恐后，因为它提供定制的个人电脑，在几天内交付，价格低得令人难以置信。寻求个人电脑的人可以进入起源网站，组装一台完全符合他们个人要求的电脑。起源的仓库专门设计用来组装客户要求的所有组件，并将完成的个人电脑快速运出。起源的及时、一对一的商业模式震撼了塔庙。当消费者了解到他们可以在起源组建自己的个人电脑时，便对塔庙已经组装好的电脑就不那么感兴趣了。塔庙的回应是更频繁地推出新电脑（通过缩减其产品生命周期），但这不足以让精明的个人电脑买家满意。他们想组建属于自己的个人电脑。

塔庙考虑过采用起源的商业模式，但该公司以产品为中心的系统实在是太成熟了，无法轻易改变。例如，其分销网络由遍布全球的 100 多个仓库组成。建造这些仓库是为了储存和向零售商运送大量相同种类的计算机。它们不是为了组装和向消费者直接运送定制订单而设计的。此外，塔庙的其他系统——制造、财务和营销，以及整个公司的文化，都没有能力处理定制订单。由于围绕产品优先公式设计的策略和系统根深蒂固，塔庙公司无力与起源公司采用的快速系统竞争。

塔庙的窘境告诉我们两件事。第一，无论塔庙如何缩短产品的生命周期，都不足以满足客户对快速、经济地交付个人订单的要求。第二，如果你公司的策略和系统是围绕着产品优先公式建立的，你将不得不对它们进行彻底的改革，以便有效地运作。你的系统必须基于关系优先公式来设计。你的系统必须允许你在个性化产品或服务的基础上提供独特的价值，并且仍然可以赚取利润（在接下来的章节中，我将解释如何在你的公司中设想和建立这种系统）。

现实 7：技术发挥着举足轻重的作用

在工业时代，大多数企业是以线性方式运作的。每个阶段都紧跟在前一个阶段后面：市场研究、工程、制造、促销、销售、分销、财务和客户服务。当项目从一个阶段进入下一个阶段时，每个部门都会以自己独特的方式处理任务。制造部门有着自己独特的流程和技术。而营销部门将使用完全不同的流程和技术。以此类推。即使每个部门都像一个不同的国家，有自己独特的文化和语言，公司也能茁壮成长。

但在今天的商业环境中，这种线性商业模式已经过时了。自从网络计算机出现以来，商业已经成为一个空间的，而不是线性的过程。所有的商业流程都是同时发生的。为了成功，各部门必须一起工作，分享信息，并成为团队的一部分。这就是技术的作用已经变得如此关键的原因。如果你有一个设计良好的信息系统，你将有更大的成功机会。因为你将能够以更快、更好、更个性化的方式提供更多的独特价值。但如果你的信息系统设计不良，你将难以提供独特的价值，而且你将无法在新的赢利机会出现时抓住它们。

当我们对一家公司的信息系统进行测试调研时，我明显感觉到技术在当今商业中所发挥的关键作用。我们为了确定目标公司的技术支持其营销目标的程度，通常会问："该系统是否能实现公司与客户进行快速和方便的沟通？该系统是否允许公司的员工将大部分时间用于高价值活动（创造和交付价值）？或者说，工作人员是否将大部分时间花在低价值活动上（如机械的信息收集、处理和分发）？"如果工作人员把大部分时间花在低价值的活动上，那么这个信息系统是不够好的。如果工作人员能把大部分时间集中在关系和创造上，这个系统就发挥了作用。

然而，我们的调查结果显示，大多数公司的信息系统设计得很差。这些系统往往是极其分散的。无法互通的数据库散布在公司各处。不同的部门使用不同的软件。在整个公司共享数据是不可能的。这种分裂严重破坏了公司的生产力，并限制了其对变化做出快速反应的能力。

在审计过程中，我们整理了大多数信息系统变得分散的三个原因。第一个原因有历史渊源。在网络计算机时代之前，大多数个人电脑是独立的单元。随着计算机变得越来越重要，每个部门都开始开发软件工具来处理具体任务。这些工具成为该部门的神经系统。当有可能和必要把一个公司的所有计算机联网时，各个部门的系统就会发生冲突。为了决定在公司采用哪种标准，哪种软件协议，冲突爆发了。当然，每个部门都极力维护自己的做事方式。所以最终什么也没改变。最高层也没有足够的领导力来使所有的信息系统保持一致。

大多数信息系统分散的第二个原因是，它们是围绕特定的技术建立的。我把这称为技术优先的方法。使用这种方法，一个公司会选择一种特定类型的软件和硬件，然后围绕它进行信息系统建设。技术优先方法的问题是，公司的整体目标和策略在技术面前是次要的。技术的潜力决定了公司的潜力。而反过来，技术的局限性也决定了公司的局限性。在这种环境下，技术专家成为主宰，而公司的策略专家则只能跟随。同样，通过以产品为中心设计他们的系统，技术专家们几乎把客户完全排除在外，也许只是把客户当作发票上的一个条目。

第三个原因是技术人员也很难实现从以产品为中心到以客户为中心的飞跃。这是因为以产品为中心的信息技术策略强调效率，以更少的钱使事情获得更快的进展。另外，以客户为中心的策略必须以关系为基础，而不是效率。而关系有时需要更长的时间和更多的成本。为了在当今的经济时代中茁壮成长，关系优先企业围绕其客户而不是围绕其产品来设计技术。这类企业的信息系统旨在帮助与客户建立优质的关系，增加可以花在创造价值和交付价值上的时间，而减少花在低价值活动上的时间。

该系统的核心是作为公司集体记忆的人员数据库。该数据库跟踪公司的客户和潜在客户，并记录他们的评论、喜好、需求和交易。该数据库系统允许他们通过电子邮件、脸书（Meta）、油管（Youtube）、电话或者通过未来出现的任何技术与客户沟通。该系统还允许他们帮助对价值组成部分进行简便的组合，从而向客户提供独特的价值。

这也使关系优先企业有能力在新的机会出现时抓住它（在接下来的章节中，我将解释如何设计一个支持关系优先公式的信息系统，而且我将给你提供一些想法来帮助你所在公司的技术专家理解并支持围绕客户而不是产品建立信息系统的需求）。

现实8：现有的市场不足

在工业革命期间，只为当地市场服务是有可能生意兴隆的。在贸易壁垒的保护下，当地没有来自外国的竞争者。你的产品可以大量生产，并且不必冒险超越自己的边界。然而，在今天的全球经济中，由于贸易的全球化和即时通信技术的普及，你的当地市场充满了竞争对手。此外，许多公司现在面临着来自本行业以外的竞争对手。例

如，保险公司现在正与银行进行竞争，电话公司正与有线
电视服务竞争，咖啡店正与书店的咖啡角竞争。

在这种竞争环境下，如果你坚持现有的市场，那么
你在该市场的份额必然会不断下降。这就是你必须正视第
八个现实的原因。现有的市场是不足的。你必须从全球角
度思考。幸运的是，现在每个企业都有扩大其市场前景的
可能。由于互联网的存在，即使是小微企业也可以吸引和
服务来自世界各地的客户。通过向明确定义的客户类型提
供独特的价值，关系优先企业非常适合在全球市场上蓬勃
发展。

例如，一家以大学生为客户类型的公司可以在世界
的任何一个角落为客户提供服务。撇开语言和文化差异不
谈，无论住在哪里，大学生们的需求都大致相同。他们需
要在学习上得到帮助，获得经济援助，并在毕业后找到工
作。他们在学校时也需要寻找乐趣，并参与各种社团。因
此，无论大学生们生活在哪个国家，关系优先企业都有几
乎无限的方式为大学生提供独特的价值。事实上，关系优
先企业根本不需要考虑国家边界。这个问题无关紧要。

基于产品优先公式的公司很难在全球市场上立足。因

为它们经营的是商品业务，思考是从产品开始的，所以它们倾向于把外国市场的特性抛在一边。它们很难从更了解当地市场的本土竞争者那里抢夺市场份额。而且通常无法与外国客户建立长期的优质关系。因此在大多数情况下，它们只是简单地讨价还价，得到满意的价格，然后把产品运走。

然而，基于关系优先公式的公司则表现得更好。这是因为在全球范围内经营一个可行的业务，为几乎所有的客户类型服务是有可能的，无论客户类型是多么的罕见或不寻常，例如盆栽种植户、鸸鹋养殖户、脑外科医生、埃德塞尔旅行车车主、波兰电影迷或者身有残疾的潜水员。

具有讽刺意味的是，你越是专注你选择的客户类型你就越专业，你提供独特价值的能力就越强。这种客户类型专业化的策略是接触外国消费者并与之建立优质关系的有力方式（在接下来的章节中，我将解释如何走出现有市场，并建立模式、策略和系统，帮助你在竞争激烈的全球经济中茁壮成长）。

正视后产品现实

大多数商业人士都意识到了这八个现实问题，但他们并没有采取相应行动来改变他们的策略和系统。他们暗自希望世界能恢复到工业革命的黄金时代。他们对变革的抵制并不是因为缺乏意愿，他们只是不知道如何应对这些现实。他们不知道如何成为一个关系优先企业。

这就是我写这本书的原因。我想帮助你设计一个能在当今世界蓬勃发展的企业。但在我描述关系优先企业的蓝图之前，有必要从宏观角度转向微观角度，研究许多公司陷入我所说的"业绩瓶颈"的内部原因。

第三章

业绩瓶颈

"没有摆脱过去的自由，就不是自由，因为这样心灵永远不会新鲜、天真。只有新鲜、天真的心灵才是自由的。自由与年龄无关，与经验无关；在我看来，自由的本质在于理解习惯的全部机制，包括有意识和无意识的。问题不在于停止习惯，而在于看到习惯的整体结构。"

——吉杜·克里希那穆提（J. Krishnamurti）

吉杜·克里希那穆提，这位世界知名的精神导师，认为人类只有完全理解习惯——无论是好的还是坏的——驱动行为的方式，才能获得自由。同样的理念也适用于公司。虽然你的业务受到了后产品现实的三个外部条件的深刻影响——极速变化、竞争加剧和即时通信，但也有许多内部阻碍，而这些阻碍来自你自身。也就是你所在公司的态度、做法和习惯。在本章中，我们将探讨这些阻碍成功的内部因素，称为"限制因素"，它们会阻止你的公司充分发挥潜力。

业绩瓶颈

当一个公司在销售和盈利方面的业绩达到一定水平时，它往往会一直停留在这个水平上。销售和利润在很长一段时间内停滞不前。新客户更难获得，同时许多老客户也流失了。过去的快速增长被低沉的气场和倦怠所取代。我把这称为"业绩瓶颈"。

公司之所以陷入这个瓶颈，是因为成为大型组织之后，公司原有的商业模式、策略和系统便不再适合自己。为了超越这一瓶颈，公司必须采用关系优先企业的新策略和新系统。

为了充分了解公司成为关系优先企业的方式，你必须首先了解使公司陷入业绩瓶颈的八个限制因素。

1. 专注于短期目标

2. 以个人或小组形式工作

3. 只考虑产品和服务

4. 试图击败竞争对手

5. 专注于销售，而不是营销

6. 为特定情景创建工具

7. 成为技术的奴隶

8. 只专注于现有市场

让我们详细了解一下这些限制因素。

限制因素 1：专注于短期目标

短期思维是陷入业绩瓶颈的公司的一个关键症状。高管、销售人员和股东只专注于实现更好的月度或季度业绩。在这种压力下，公司试图从同一台引擎中获得更多收获，而这台引擎可能没有足够的功率来完成这一任务。在急于实现短期目标的情况下，公司没有花时间安装一个更大、更好或更大功率的引擎，由于对原有引擎过度施压，随着故障的出现，性能就会发生下降。陷入业绩瓶颈的公司根本不愿意花时间安装更大、更好的引擎。因此，这些公司很少能实现重大变革或突破。一个被短期思维所削弱的公司有很多特征。

● 主要专注于实现月度或季度目标。

● 对公司的成功没有长期愿景。

● 基于暂时的挫折而做出重大决定和激进的改变。

● 只对新能力和新资源进行小额投资。

● 希望承担的风险少，对错误的容忍度也低。

● 只对短期内有价值的客户和潜在客户表现出兴趣。

● 很少努力发展更深入、更长期的关系。

● 将同样的事情做得更快、更频繁和更好，从而努力提高销售额和公司利润率。

为了突破业绩瓶颈，一个公司必须解决短期思维的问题。公司必须采用使它进行长期思考的原则和技术。

限制因素 2：以个人或小组形式工作

随着组织规模的扩大，每个人的团队工作变得越来越重要，而具有讽刺意味的是，团队合作变得越来越困难。在许多情况下，公司内部现有的结构、策略和沟通系统并不支持高效的团队工作。因此，个人和部门往往是在相互孤立的情况下工作。缺乏团队合作使组织陷入业绩瓶颈。

● 没有共同的目标或愿景。如果制定了目标，也是由小组高级管理人员制定的。

● 很少有员工知道或了解公司的主要目标。

● 每个人或部门对于日常的重要事项、优先事项的确定都有不同的看法。

● 缺乏团队合作往往导致内部竞争和敌意。

● 个人和部门开发独自的系统和技术，而当公司上下努力将这些系统标准化时，他们会坚决捍卫自己的系统。

● 没有任何机制或组织可以将所有人聚集在一起。

● 许多部门或个人远离了公司的真正业务（即为客户服务）。

● 公司无法从团队计划和执行的创造性力量中获益。

为了突破业绩瓶颈，组织必须为团队合作制定新的策略和结构。

限制因素 3：只考虑产品和服务

在陷入业绩瓶颈的公司里，大多数人的思维首先从产品和服务开始。这类公司坚持产品优先公式。在进行表面文章似的市场研究的同时，公司在开始战略规划的过程中首先会想到一个产品，要么是新的产品，要么是对现有产品的改进。经过几个月或几年的产品开发，公司的产品会进入市场并试图寻找客户。通常，公司会惊讶地发现人们对其产品不感兴趣。公司会试图通过降低价格和大额促销来打开糟糕的市场。

由于产品优先，公司承担了很大的风险。它们花费了大量的时间和金钱，希望在产品开发出来后，市场会喜欢这些产品。这就像用一把枪进行瞄准，然后对着六个月或一年内都不会出现的目标发射子弹。要击中目标几乎是不可能的。

陷入业绩瓶颈的公司往往首先想到的是产品，因为正是一种产品或一系列产品使公司在市场上获得了最初的成功。在过去的某个时候，该公司研发了一种产品，找到了愿意购买的客户。公司发展壮大是因为它能够找到越来越多想要这种产品的客户。而且，由于该公司只有少量的客户类型，因此更容易理解为了使客户满意而所需的修改和改进。

然而，随着公司规模的扩大，与客户保持密切联系变得越来越难，公司也越来越以产品为中心，而不是以客户为中心。这个问题在由工程人员和高科技专业人士经营的公司中相当常见，这些公司过去曾成功地销售过某种产品。公司很难突破这种对产品的关注，而当产品不再受欢迎时，公司也毫无准备。

为了突破业绩瓶颈，公司必须减少对产品的关注，将客户放在首位。

限制因素 4：试图击败竞争对手

陷入瓶颈的公司往往执着于试图击败竞争对手。通过定义自身与竞争对手的关系，公司几乎想尽一切办法，通过降低价格、溢价、特别优惠、离奇的促销活动等，在竞争对手面前取得优势。这种激烈的竞争往往使公司的产品和服务"商品化"，从而严重挤压了利润。受限于薄利多销的微薄收益，该公司无法在市场上游刃有余，也无法成为一个独特的参与者，根本没有钱，也没有精力投资于创新思维。

专注竞争也会对公司的产品质量和营销工作产生不利影响。由于利润微薄，公司几乎没有动力或能力以如此低的售价生产优质产品，也不能投入足够的资金开展有效的促销活动。专注竞争也使公司难以在客户心目中对自己的产品留下独特的印象。在这种情况下，公司的产品要么被视为与竞争对手完全一样，要么被视为更优秀或劣等的产品。客户从未将公司或产品视为一个独特的实体。

除了这些陷阱，这种公司几乎没有精力提出创新的想法，或者做一些完全原创的事情。由于不断地试图击败竞争对手，公司注定要永远停留在一场马术比赛中。在大多数情况下，专注竞争意味着公司将永远是一个追随者，而不是领导者。要成为关系优先企业，公司必须放弃对竞争的迷恋，将自己视为自身独特客户类型的独特价值提供者。

限制因素 5：专注于销售，而不是营销

大多数陷入瓶颈的公司都专注于销售，而不是营销。为了寻找新客户，这样的公司几乎完全依靠对于销售工具和方法的使用，如电话营销、直接邮寄、销售演示、征求建议书（RFPs）、贸易展览和促销噱头。虽然积极主动的销售活动在每个公司都有作用，但如果没有更长期的营销活动作为补充，专注销售就会受到限制。虽然销售是一个动态的过程（公司积极寻求潜在客户的关注），但营销是能够最有效地吸引潜在客户主动来公司的方法。

专注销售对公司与客户的关系类型也有重要影响。在销售模式下，公司是首先发起关系的人，这使公司处于一个较弱的地位。客户总是可以说："你先找的我。我从来没有真正想要这种关系。"在营销模式下，潜在客户是首先发起关系的人。因为他们首先来找你，所以你在这段关系中拥有更高的地位。你总是可以说："是你来找我们，这就是我们做生意的方式。"

完全专注于销售也会对你的业务关系产生负面影响，因为销售人员经常为了完成迫在眉睫的销售任务而变得焦

虑和急躁。他们可能会把客户推向不适当的销售活动，从而威胁到关系的长期质量。在业绩制度下工作的销售人员往往会过早地进行推销，放弃与潜在客户建立关系。因此，对于销售业绩的关注倾向往往导致了短期的、小金额的客户关系。

与既定的观念相反，从长远来看，销售活动也比营销活动要昂贵得多。然而，大多数陷入业绩瓶颈的公司从未在营销方面进行足够长时间的投资，因为认识不到这一点，所以公司陷入了销售循环中。要成为一个关系优先企业，你必须使用营销技术来吸引符合你的客户类型特征的潜在客户。

限制因素 6：为特定情景创建工具

由于注重短期销售，陷入瓶颈的公司往往主要关注工具的开发。这些工具，如营销材料、软件程序、表格和流程等，往往是为某一特定事件或情景而设计的。因此，它们可能很快就会被淘汰。随着每个新情景的出现，公司必须创造全新的工具，而这通常要付出巨大的代价。

这种公司无法投入足够的时间、金钱或资源来发展长期能力：使公司能够抓住令人兴奋的机遇的人员、技术和资源。具备这种性质的能力包括用计算机控制的制造设备、关系数据库系统、室内设计、数字生产设施、内部网站设计、托管能力以及多媒体演示专业知识和设备。同样，这些能力也包括懂得如何利用新型营销技术的内部和外部人员。

例如，制作一本新的宣传册（一种工具）是大多数公司的一项常见活动。为了编写一本专业和有效的宣传册，我们花费了无数的时间和金钱。一旦印刷完毕，随着公司及市场的变化和发展，宣传册立即开始失去其价值。几个月内，宣传册就变得过时了，而且在大多数情况下会被放弃使用（一个更糟糕的情景是，公司不得不坚持使用过时的营销信息，直到宣传册用完）！

关系优先企业投资于人员和技术，因此能够编制长期的定制宣传册和营销材料。随着公司和市场的变化，这种公司可以迅速为每个特定的机会开发定制工具。通过这种方式，很少有时间或金钱遭到浪费，公司兼具灵活和力量，可以更快地发展更好的关系。它也能更好地适应在竞争激烈的全球经济中不断发生的变化。

限制因素 7：成为技术的奴隶

随着技术在全球经济中变得越来越普遍，技术的有效使用对公司的成败起着越来越关键的作用。然而，技术的重要性给了许多公司一个错误的概念，即新技术将是所有问题的答案。如果销售额下降，就安装新的计算机，对软件进行升级。如果员工成本太高，员工就会被解雇，由语音邮件取代。如果竞争对手推出了一个更好的网站，公司就会建立一个更精致的网站。在这个疯狂追捧技术的环境中，任何新技术，无论如何稚嫩，都会由于纯粹的信心而被采用。

为了跟上技术的加速变革，高级管理人员往往将过多放权给他们的计算机和技术专家。在没有上层管理部门明确指示的情况下，技术专家认真地应用新技术，却不太了解这些技术将如何帮助公司实现其主要业务目标。事实上，对新技术的开发有时会成为公司的主要目标，甚至是唯一的目标。由于对技术的盲目崇拜颠覆了公司的真正目标，会导致公司与人之间（客户、员工、供应商和股东）的关系产生破坏性影响。因为技术被看作是所有问题的答案，它往往是为了取代员工，或消除与客户的面对面接触而引入的。

对技术的崇拜，以及由此产生的技术对公司的奴役，是公司陷入业绩瓶颈的一个共同标志。具有讽刺意味的是，本应帮助公司发展的技术却成为公司无法发展的原因。另外，关系优先企业是其技术的主宰。其所有的系统都是为了向客户和潜在客户提供独特的价值。除非是为该目标服务，否则不会引入任何技术。

限制因素 8：只专注于现有市场

许多公司陷入业绩瓶颈的原因在于没有找到已有地域、群体或垂直市场以外的客户。专注于本地或现有市场是有局限性的。

● 当地市场上购买独特、专业的产品和服务的潜在客户不够多。消费者对本地供应商的忠诚度越来越低。

● 贸易壁垒的减少，世界经济的数字化，以及其他全球化的趋势正在增加所有国家、群体和垂直市场的竞争。

● 行业正在融合，因此新的竞争者进入你的行业。

● 由于更高的规模效益和更低的劳动力成本，全球竞争对手往往具有战略优势。

● 你更容易受到你所在地区或国家经济衰退的影响。

● 你无法通过在更多的市场上进行交易来发展更复杂的结构和系统。

因此，关系优先企业必须超越其本地或现有的市场，从而在竞争激烈的全球经济中茁壮成长。

第四章

首要策略

"最后，我们仍应把太阳置于宇宙的中心。只要我们面对事实，正如他们所说的，'睁大双眼'，就会发现是事件的系统化推进和整个宇宙的和谐提示了这一切。"

——尼古拉·哥白尼（Nicolaus Copernicus）

在尼古拉·哥白尼的《天体运行论》（*De Revolutionibus Orbium Coelestium*）在 1543 年出版之前，所有人都认为地球是宇宙的中心。他们认为太阳、星星和其他行星都是围绕地球旋转的。哥白尼对这一信念或范式提出了挑战，并提出了一个日心模型，将地球置于围绕太阳的轨道上。同年，哥白尼就去世了，所以没有见证他的激进理论所引发的争议，也没有见证对其理论的最终平反。

像哥白尼一样，你需要挑战根深蒂固的商业范式，并采用更适合 21 世纪的新范式。你必须问自己："宇宙真的是围绕着我的公司和产品转吗？我们应该继续围绕我们的产品建立策略和系统，还是应该使用不同的模式？"如果读过前面三章，你就知道了这些问题的答案。在我们这个极速变化、竞争加剧和即时通信的时代，你需要使用关系优先公式围绕特定的客户类型建立你的业务，成为一个关系优先企业。而且我说的不仅是采取关系营销策略，或改善客户服务。我指的是围绕一个明确的客户类型来设计你的整个业务。

将你的公司转变为一个以客户为中心的企业可能是一个惊人的挑战。如果你的公司围绕产品设计的模式、策略和系统根深蒂固，那么对变革的反对将是可怕的。不妨考虑一下你所面临的情况：产品可能不得不面临停产。营销方案可能必须被放弃。昂贵的软件系统可能不得不被丢弃。员工可能会被解雇，或被调整到新的岗位。而最重要的是，旧的思维方式如果被证明是过时的，就必须受到质疑和拒绝。无论变化的必要性是多么的明显，所有这些变化都会受到你公司中一些人的抵制。

因此，为了帮助你完成这一转变，我确定了九个新的首要策略，如果将其纳入你的公司文化，这些策略将帮助你做出必要的改变，从而成为一个关系优先企业。这些首要策略包括以下九点。

1. 从客户类型开始

2. 不要竞争，要提供独特价值

3. 通过团队合作提供独特价值

4. 设想理想的系统模型

5. 给出价值以启动优质关系

6. 提供独特价值的组成部分

7. 制定一个大规模定制的规划流程

8. 开发能力，而不是工具

9. "先下后上"策略

首要策略 1：从客户类型开始

围绕着客户，而不是产品或服务的关系优先企业，其所有的战略思维都开启于对一个特定的客户类型的选择。客户类型可以是一般性的，如**家长**、**帆板运动员**、**退休人**

员，也可以是非常具体的，如**残疾儿童的家长、专业女性帆板运动员、喜欢在网上交易股票的富有退休人员**。事实上，你的客户类型越具体，就越容易启动和促进与他们的长期关系。例如，假设你开了一家旅行社。在过去，你围绕你的产品建立业务：旅游套餐和机票。从客户的角度来看，你卖的是一种商品，而你的旅行社只是你所在城市数百家旅行社之中的一家。为了吸引生意，你必须不断降低价格和压缩利润。然而，使用关系优先公式，你决定选择一个特定的客户类型，如**爵士乐爱好者**。你围绕**爵士乐爱好者**建立你的业务，为他们提供令人难以置信的独特价值，如国际爵士音乐节的旅游组合，以及与著名爵士乐手一起进行的乘船巡游。你的网站"爵士音乐旅行中心"提供了世界上每个爵士音乐节的旅行信息，会吸引全球成千上万的爵士乐爱好者。你在几十个流行的爵士乐网站上做推广，在爵士乐杂志上做广告，以及对爵士乐活动进行赞助，从而使爵士乐爱好者们了解你的网站。在很短的时间内，你的旅行社将成为全世界爵士乐爱好者的首选旅游服务供应商。

如果这项业务有足够的利润，你可以坚持这一个客户类型，或者你可以扩展到其他客户类型（与产品线扩展相比，你可以把它看作客户类型扩展）。例如，一旦你将**爵士乐爱好者**确立为客户类型，你便可以开始选择另一个客户类型，如**葡萄酒爱好者**，并围绕他们建立另一项业务。你可以将旅游项目推销到世界各地的葡萄园和葡萄酒节。同样的，**葡萄酒爱好者**会找上你的旅行社，因为只有你的旅行社可以满足他们与葡萄酒相关的特定旅行需求。你的所有竞争对手都不了解葡萄酒爱好者的具体旅行兴趣。

当然，一旦你建立了爵士乐爱好者业务和葡萄酒爱好者业务，你便可以通过选择更多的客户类型来无限扩展业务：**冲浪者、口琴演奏者、毕加索迷、美食爱好者、古董车主、历史爱好者。**

要记住的一点是：每个客户类型都是一个独立的业务。在客户眼中，业务没有重叠。**历史爱好者**在访问你的网站时，不能看到狗的照片。在你的冲浪者手册中，**冲浪者**不能看到古董车。然而，这并不意味着你不能为每个公司配备相同的资源和能力。例如，你的在线支付系统可以为所有的客户类型所用，处理你所有客户类型的相关业务可能只需要一个办公室，特别是如果你的大部分业务是通过电话或互联网完成的。换句话说，你可以利用你现有的能力为更多的客户类型提供独特价值（UV），从而增加你的投资回报。

以客户类型作为起点影响着关系优先企业的方方面面。一旦你选择了一种类型的客户，做出战略决策就容易多了。当你与指定类型的客户发展优质关系时，你会对他们需要和想要的独特价值做出更多了解，不再需要猜测。只有当你的客户需要时，你才会创造新的产品或服务。你还将迅速学会如何为你的公司吸引新的潜在客户，以及哪些流程和营销工具最能开启和促进长期关系。同时，你将只引进能够为你的客户类型增加独特价值的新人员、能力和技术。你不会被华而不实的新技术或管理顾问的快言快语所迷惑。你的成功公式将是简单的。如果某样东西为你的客户类型提供了独特的价值，它就是有用的。这样，以客户类型为起点，将使你的公司更加专注；会帮助你尽可能少浪费金钱、时间和精力；并为你企业的未来规划一个更清晰的道路。

从客户类型入手有助于你与客户建立优质关系，避免产品优先公式的危害。例如，假设你销售一种为建筑公司定制的产品，叫作推土机软件（Bull-Dozer Software）。在你的思维中，产品是最重要的，你在推销时夸耀这款产品无与伦比的特色。你谈到了它的能力、它的灵活性和它的可扩展性。你热爱你的产品，当潜在客户表示反对或担忧时，你就用不容置疑的反驳和夸张的说法来驳倒他们。由于只专注产品，你总是在说，而很少倾听。因为你害怕发现客户不需要你的产品，或者你的产品不是很好。

你可能意识到客户想要转而购买竞争对手销售的软件程序"大厦建造者"（Edifice Erector）。你无法面对真相。事实上，你并不真正关心潜在客户的最佳利益。你只想卖出产品，即使这不利于你的客户。这种态度源于你的产品优先思维，使得你不可能与客户建立长期的优质关系。

另外，假设你是一个使用关系优先公式的销售人员。由于不再进行推销，你会以开放的态度开始每一次通话；由于没有提前预想将以何种方式才能帮助到客户，每次通话开始时，你会尽可能多地了解对方的情况。你会询问客户："你的目标是什么？到目前为止，你已经做出了哪些成就？你的下一个挑战是什么？你的需求是什么？"

通过这种实况调查，你利用经验和创造力，为客户精心设计一个独特的解决方案。你可以建议客户将推土机软件的组件与大厦建造者软件的组件结合起来。你可以提供以获取额外资源和能力的方式为内容的文章。即使这些文章所提供的资源和能力不属于你的公司。你没有专注于你的产品，而是尽心尽力地提供帮助。你致力于与客户建立优质关系，不惜一切代价帮助他们实现目标。

在过去几十年里，首先找出客户的需求是许多公司的常用策略。然而，大多数公司对客户研究都是嘴上说说。源于产品优先公式，这些公司的客户研究实际上是一个骗局。这些公司只是在假装倾听客户的意见。它们只是试图表现出对客户的独特需求感兴趣。但在这个表演的背后是它们真正的目的：销售产品。这就是这么多公司忽视或贬低从关注群体或消费者研究项目中收集到的信息的原因。它们只想得到积极的反馈。它们不想倾听客户所真正关心的东西，因为这可能需要公司对其业务做出一些巨大的改变。

因此，不要用你关注群体研究并要求你的客户填写调查问卷的行为来安慰自己。如果你的思考是从产品开始的，你就只是在欺骗自己。你的行为就像一个扒手：看人的时候，看到的只有别人的口袋。

从客户类型开始是最重要的首要策略，因为它影响到你公司的一切。如果你的公司采用这一首要策略，你将摆脱产品优先公式的束缚。你将解放你所在组织中被以产品为中心的思维所奴役的创造力。你会像哥白尼一样，当他意识到太阳不围绕地球旋转时，他就能睁大眼睛看到宇宙的现实。

首要策略 1 中的三个关键概念

1. 以特定的客户类型为起点开启所有的战略思维。

2. 通过向指定的客户类型提供独特价值来建立业务。

3. 将每个客户类型视为一个独立的业务。

首要策略 2：不要竞争，要提供独特价值

关系优先企业的使命是为其指定的客户类型提供不断提升的独特价值。致力于这一使命，关系优先企业不需要考虑竞争，因为企业所提供的价值是独一无二的。通过提供由一系列价值组成部分定制而成的解决方案，这种企业将不再受商品陷阱的利润下降影响。其客户不会将其产品

和价格与竞争对手进行比较，因为没有办法进行比较。通过提供独特价值来培养优质关系，关系优先企业使自己从激烈的竞争中脱颖而出。事实上，关系优先企业会将其以前的竞争对手转化为潜在的客户和战略伙伴。

为了说明这个概念，让我们假设你拥有一家卡车运输公司并选择**餐馆老板**作为客户类型。在过去，你的市场区域内有 200 多个竞争对手。现在你没有任何竞争对手，因为你通过整体餐厅配送计划为餐馆老板提供了独特价值。该计划的目的是尽你所能帮助餐馆老板采购、运送和管理餐馆的食物和材料。

例如，除了送货，你还开发了几十个创新流程来帮助餐馆老板。你负责协调将烹饪好的食物及时送达偏远地区。你的整体餐厅配送网站使餐馆老板能够在线购买食品和材料，并对成本进行跟踪。你还开发了独特的包装方法，减少了将冷冻食品送入餐厅冰柜的时间。你同时与一家保险公司合作，创建了整体餐厅保险计划，为餐馆老板提供库存损坏和被盗的保险。

而这仅仅是冰山一角。你不断开发新的方法，为餐馆老板提供独特的价值。为此，你与 20 个竞争对手合作，组建了一个规模更大的送货车队。现在，每次使用车队的卡车时这些公司都会向你支付报酬，这也是整体餐厅配送计划的一部分。

正如你所看到的，当你把目光从竞争对手身上移开并专注提供独特价值时，卡车运输公司的潜力就会飙升。

为了进一步了解提供独特价值的重要性，请考虑这个例子：假设你经营一家电信公司。你销售一系列的产品：电话、长途电话、移动互联网电话服务、商业应答系统、互联网接入，以及呼叫接听、呼叫显示、三方通话等。你有许多产品，但也面临很多竞争。在每一个产品类别中，你都在进行残酷的斗争，通过降低费率，或提供特别的促销活动来争夺客户。这种竞争模糊了你的公司带给客户的印象。客户倾向于把你和你的竞争对手放在一起，因为你们看起来都是一样的。他们不认为你的公司或产品有什么独特之处。如果他们能从别人那里得到更便宜的电信服务，他们往往会进行更换。因此你陷入了商品陷阱，而且你知道随着全球电信业的竞争更加激烈，情况会越来越糟。

你所面临的挑战是如何在竞争中脱颖而出，并与你的客户和潜在客户发展更多的优质关系。为了实现这一目标，你选择**小企业主**作为客户类型。你创建了"小型企业电信解决方案"，这是一个完整的计划，帮助企业主最大限度地利用电信和网络技术。你通过邀请**小企业主**参加免费的小型企业电信网络研讨会来启动该计划。在网络研讨会上，专家发言人会解释战略和技术理念，以及这些战略和技术如何帮助小企业取得成功。重要的是，在研讨会期间，你永远不要提到你的产品或服务。你只是在那里帮助他们。研讨会结束后，潜在客户将被邀请加入小型企业电信俱乐部。

俱乐部会员资格使他们可以获得免费的电子邮件期刊通讯，一个你的网站的个性化账户，长途电信费的折扣，以及一个免费的移动电话。在网络研讨会期间，你可以通过询问参与者有关他们的目标和业务的问题来更好地了解他们。

在这个初步体验之后，你可以去潜在客户的办公室，对他们的电信系统进行调研。进入调研时你不要带有任何预设的想法，并通过调研组建一个由电信相关的产品组成的定制系统套餐。定制的套餐包括电信整合策略、呼叫中心技术、互联网接入服务、无线功能和先进的软件解决方案。这个套餐的组成部分有些是由你直接提供的，有些是由你以前的竞争对手提供的。事实上，你可以为客户提供任何种类的独特价值，无论这些价值的来源是哪里，只要能帮助客户在业务上取得成功你都可以提供。

从这两个例子可以看出，如果你提供独特价值，竞争的概念就不重要了。你甚至可以通过以前的竞争对手所做的工作，或生产的产品和服务来赚钱。此外，作为从各种来源向你的客户无限提供独特价值的渠道，你必须加强与客户的优质关系。因为你不代表任何特殊利益，也不宣传以产品为中心的销售计划，所以当客户需要什么时，你是他们第一个想起的人。他们知道你将是为他们提供所需独特价值的最佳人选。

首要策略 2 中的三个关键概念

1. 通过提供独特价值和与指定的客户类型发展优质关系来退出竞争舞台。

2. 扩大你所创造和提供的价值的范围，提供独特价值。

3. 通过提供独特价值，将你的竞争对手转化为战略伙伴或客户。

首要策略 3：通过团队合作提供独特价值

个人的主动性和创造性是每个企业的重要组成部分，但在今天的商业环境中，团队合作是必不可少的。团队合作使关系优先企业能够将所有的精力和资源统一起来，以便为指定的客户类型提供独特价值。团队合作会使思维更集中，生产率更高，重复劳动更少，动力和热情更高。

不幸的是，在如今的大多数组织中，尤其是那些围绕着产品优先公式建立起来的公司，都可悲地缺乏团队精神。在这些公司中，人员、策略和系统没有一起协作，它们被严重地分割开来。例如，在一个典型的以产品为中心的公司，制造部门使用一种信息系统，而营销部门使用另一种。这两个部门之间不能轻松地分享信息。如果想把这两个不同的系统结合起来，通常会发生部门间冲突。没有人愿意放弃自己的系统，没有人让步，没有团队合作。在这种环境下，提供独特价值几乎是不可能的。

这种分散现象在以产品为中心的公司中的其他领域也

很常见。通常情况下，公司传达的营销信息是零散的。每种营销工具，例如小册子、网站、广告、演示文稿等，对公司情况的描述都会有一些轻微的不同。如果你要求 100 名员工描述他们的公司是做什么的，你会得到 100 个不同的答案。每次有人做销售演示或演讲时，所传递出的信息都不一样。这是因为每个人都在孤立地工作。通常情况下，组织的视觉标识也是零散的：宣传册看起来与网站不同，传真封面看起来与信纸不同。

当涉及信息的收集、处理和存储时，碎片化信息可能是一种慢性弊病。以纸张为载体的信息分散在整个组织中，在不同的文件系统中，在人们的办公桌下，在遥远的储藏室里。数字信息散落在硬盘、服务器和网络中。寻找信息很耗费时间，而且对员工造成的压力很大。这些信息往往难以找到，即使找到了，也往往不准确或不完整。对信息进行重新归档又带来了另一个难题，由于没有一个共同的系统，导致每个人都有自己的归档方式。

在战略层面上，碎片化是以产品为中心的公司所面临的一个严重问题。在大多数情况下，工程和制造部门采用的模式及策略与销售和市场部门完全不同。正如我们在三一公司的案例中所看到的那样，销售人员急于满足客户对更多定制产品的需求，而工程师则追求更多标准化的产品。工程师们使用产品优先公式，试图生产大量相同的产品，而销售人员则使用关系优先公式，通过提供独特价值来发展优质关系。

假如其他参与者也有自己独特的计划，将进一步加剧策略的分裂。例如，信息部门可能专注于安装一个先进的信息系统，但问题是："他们建立系统是为了满足工程与制造部门的目标，还是销售和市场部门的目标？"或者说，信息部门有自己独特的目标。

显然，如果每个人都在采用不同的商业模式，走不同的战略方向，公司就不能把所有的精力和资源集中在为客户提供独特价值上。当我进行战略系统调研时，一个拥有分散的模式、战略和系统的公司所付出的高昂代价总是显而易见的。在调研期间，我让公司里的每个人都完成一份个人的系统性评估，要求他们估计自己在下述这三项活动上花了多少时间（总计是100%）：

- 以客户为中心的活动（提供独特价值）

- 能力发展（创造独特价值）

● 低价值活动（所有其他活动）

平均而言，受访者说他们花在这些活动上的时间如下：

● 以客户为中心的活动：10%

● 能力发展：5%

● 低价值活动：85%

这意味着，在以产品为中心的公司里，人们平均只花15%的时间来创造提供给客户的独特价值，或者更直白地说，只有15%的时间用来赚钱。其余的时间（85%）被浪费在低价值活动上，如填写表格、解决电脑问题、在文件柜里找东西、换灯泡、安排会面、搜索信息、重新输入信息、处理数据、看网站、与会计师和律师会面、打开邮箱、读电子邮件、检查语音邮件和支付账单；换句话说，就是那些不能给公司带来任何收益的活动。有趣的是，当被问及他们希望花多少时间在这些活动上时，受访者的回答情况如下：

● 以客户为中心的活动：80%

● 能力发展：15%

● 低价值活动：5%

这些人希望将 95% 的时间用于创造并向客户提供独特价值，而只有 5% 的时间用于低价值活动——几乎与员工目前的情况完全相反！问题是，为什么他们的现状和他们想做的事情之间会有如此大的差距？答案在于：在以产品为中心的公司里，人们无法创造和提供独特价值，因为公司部门间的系统是分散的，而公司部门间的系统分散是因为人们没有作为一个团队一起工作。因此，你只有通过团队合作才能提供独特价值。

尽管经历了多年的团队研讨会、团队出游和团建练习，但为什么团队合作在大多数组织中都是如此失败？我认为有三个原因。

第一，在任何围绕产品设计的公司中，团队合作是不可能真正实现的。在这些组织中，产品侧和客户侧之间总是会有冲突。只有当整个公司的战略重点是以客户为中心时，真正的团队合作才有可能出现。

第二，大多数公司仍然使用工业化的自上而下的方法进行规划和战略决策。董事长和经理们仍在孤立地构思他们的宏伟愿景，并向下属传达命令。这种独裁的方法不会奏效，因为今天高度个性化的下属会抵制任何他们没有参与制订的计划。更重要的是，这些计划可能都不会成功，因为它没有计划发挥到下属的关键知识。

第三，团队合作项目之所以失败，是因为公司没有将我提倡的团队合作能力落实到位。因为公司不以团队形式进行工作，从而使公司分散的系统结合起来。是因为公司没有制订详细的分步计划来实现愿景。更是因为公司没有确保每个团队成员定期、持续地采取行动，以实现愿景。而最重要的是，因为没有投入时间、金钱和资源来开发更好的策略和系统（我将在第七章中探讨如何实现团队合作能力）。

当你的公司成为关系优先企业，你将拥有先进的结构、系统、方法和技术，使团队合作成为现实。企业中的每个人都将专注于为你指定的客户类型提供独特价值。公司的所有系统将被整合从而提供独特价值。每个人都会采用相同的策略和系统。每个人所传达的关于公司的关键信息都会是相同的。公司所有营销材料的外观和信息将会是一致的。你所在公司的所有关键数据信息将被储存在一个集中的数据库系统中，公司的每个人都可以访问。公司的每个人都会了解公司的使命、公司的表现，以及为取得进一步进展需要做些什么。个体员工将对他们需要做的事情承担个人责任，并了解他们的行为将如何影响整个组织。

关系优先企业是如何实现这种协调的团队合作的？这一切都始于关系优先公式。当一个公司为特定的客户类型提供独特价值时，所有的员工就会更容易理解他们的职责，以及他们做出贡献的方式。

具体来说，关系优先企业采取了以下团队建设策略。

● **创建一个关系优先的领导团队**：这个团队由公司各个部门的代表组成。你们一起工作，创建详细的未来模式，制定共同策略，并设计统一的综合系统来支持你们的模式和策略。

● **采纳每个人的意见**：在关系优先企业中，每个人都要以某种方式参与新愿景的制定。你的领导团队将从公司的每个人那里获得意见，每个人的意见都将得到考虑。与其自上而下地部署企业愿景，不如让每个人都参与愿景的制定，这意味着每个人也会接受为实现愿景所需的变革和行动。

● **将愿景和策略清楚地传达给每个人**：当你的领导团队设计了新的模式、策略和系统，这些决定必须清楚地传达给组织中的每个人。每个人都应该理解公司的愿景并明白实现它的方式。

● **定期举行会议，对愿景进行回顾并做出关键决策：** 一旦你开始了团队合作，那么对这一过程的不断维持就是至关重要的。你的领导团队应该以每周、每两周、每个月、每季度或每六个月等频率持续开会，回顾愿景，庆祝成就，并做出新的战略决策。

首要策略3中的三个关键概念

1. 通过帮助整合你所有的业务系统和策略，团队合作增强了你创造和提供独特价值的能力。

2. 如果采用关系优先公式，你将能更好地融入团队一起工作。

3. 组建一个领导团队，共同为你的公司制定规范化的系统和策略。

首要策略 4：设想理想的系统模型

关系优先企业的每个项目或倡议都开始于愿景：一个理想结果的详尽蓝图。我把这一愿景称为理想系统模型。

该模型旨在为一个明确的目的服务，并实现具体的目标。它以独立于任何技术、具体结构或个人的基本原则和策略为基础。

例如，要创建一个电子营销系统，你首先要设计电子营销的理想系统模型。你要决定系统的目的、要实现的目标、营销策略、关系建立过程以及你希望系统促进的具体通信功能。你在创建理想系统模型时，不需要参考任何特定的技术或者你的任何现有系统。相反，你需要从头开始。只有在你完成了这个模型之后，才能去寻找能够支持它的技术，并确定你现有的系统是否可以使用（如果不能，最终会被放弃）。这样，你就不会被某一种技术或你已有的系统所蒙蔽做出错误决定。

作为一个关系优先企业，你可能需要为整体业务、营销计划、价值交付系统、人力和物质资源等设计模型。事实上，作为一个关系优先企业，在迈向未来时，你需要创造的模型是没有尽头的。关键点在于：作为这样一个企业，你将以理想系统模型开始所有的项目和倡议。在你进行任何行动、部署或投资之前，你将明确定义客户类型、目标、过程、原则和你的战略。

在过去的 25 年里，在与 4000 多家公司的合作中，不这样做的危险对我来说是显而易见的。我发现，当组织想要改善和发展自身的业务时，会采取两种方法中的一种：渐进式方法或理想系统模型。使用渐进式方法，它们会对现有系统逐步进行小规模的改进。它们会制作更加专业的小册子。它们会聘用更多积极的销售人员。或者它们在电脑上添加新的软件。

这些改进中的每一项虽然有一点好处，但都只是现有系统的附加物。如果这些系统的基本结构有缺陷，这些逐渐改进对公司的整体命运几乎没有积极影响。例如，它们可能拥有世界上最好的销售队伍，但如果核心业务模式有缺陷，除非改变模式，否则它们的业务仍将走向失败。或者它们可能有一个令人惊叹的网站，但如果电子营销模式有缺陷，它们的网站只会浪费时间和金钱。

遗憾的是，今天大多数公司都采用了渐进式方法，并试图通过对自身有缺陷的系统进行修补来取得成功。公司这样做的原因有很多。主要是因为它们的大部分时间都花在了过去。它们无法设想未来的理想模式，因为这些企业在已经完成的事情上投入了太多。它们不会创建一个理想的数据库系统，因为现有的、设计不佳的系统已经花费了数百万美元。它们不会创建一个更有效的网站，因为它们花了三年时间才建立现有的网站。或者它们不会创建一个更好的营销系统，因为尽管不起作用，公司在现有的营销工具和项目上已然投资了太多。公司不会考虑理想的未来，因为它们被传统的投资、根深蒂固的官僚机构和办公室政治所束缚。

公司使用无效的渐进式方法，是因为它们没有勇气通过必要的改变来实施一个理想的系统。老板宁愿企业受苦，也不愿意为一个更理想的未来而努力。

大多数公司使用这种方法的原因在于，自工业革命开始以来，这种方法已经盛行了二百多年。就像产品优先公式一样，渐进式方法在我们的文化中根深蒂固。我们中的大多数人都不知道有其他方式可用来塑造未来。但在这个极速变化的时代，我们不能用过去的经验指引未来。我们必须不断地向前看。我们必须决定自己想要什么样的未来，并逐步向这个理想迈进。

公司使用渐进式方法的另一原因在于它们有科技综合

征（Technopia）①。这意味着公司从一种特定的技术开始建立系统。例如，如果一家公司想建立一个数据库系统，会首先购买数据库软件，然后围绕这个软件建立系统。如果后来发现数据库软件的功能不够全面，公司要么做出妥协，要么尝试添加另一个程序。最终，公司得到了一个可怕的怪胎系统，从而导致了这个系统既没有实现目标，还花费了大量的资金。困扰大多数公司的科技综合征并不局限于计算机相关的系统。当公司围绕着一栋办公楼、一个特定的人或一种特定的营销工具建立业务系统时，就会表现出这种特征。公司没有成功是因为它们的思考是从一个特定的工具开始的。

为了说明，让我们看看一家名为 EGO 无限（EGO Unlimited）的公司，由于使用渐进式方法，企业一直没有突破业绩瓶颈。EGO 无限公司是电力行业工业法兰式电容的领先供应商。该公司希望通过进入新的市场，以及推出新的产品来发展其业务，但公司的业务增长已经停滞了

---

① 科技综合征：作者自创的词，详细解释见文后术语表。——编者注

三年多了。每当该公司试图通过增加新的销售人员和启动新的营销计划来实现增长时，其业务系统都无法应对复杂度的提升。当该公司的销售人员增加一倍时，其销售信息系统无法处理增加的通信流量。当它扩大其广告和直邮计划时，其营销部门无法处理对产品资料需求的增加。当它推出新产品时，仓库无法处理增加的订单。

EGO 无限公司会面临这些问题是因为它在设计理想系统模型之前就已经采取行动了。它试图通过对其现有系统进行渐进式的改变来创造和提供更多的价值。不幸的是，现有的系统是为一个小得多的组织设计的系统，已经落后于公司的目标。在增加销售人员、产品和营销方案之前，公司需要首先创建和建立理想系统模型，而不是简单地扩大它已有的东西。

幸运的是，从渐进式方法转换到理想系统模型是很容易的。只需在每个项目开始时都考虑到理想的系统。先想一想："我真正想要实现的是什么？这个系统的目的是什么？这个系统将支持什么程序？理想的系统会是什么样子？"与你的团队合作，对理想系统模型进行详细描绘，细致彻底地描述它，并确定建立该理想系统所需要采取的行动。问问自己："将来需要什么技术来支持这个模型？"

我们将利用现有系统的哪些部分来建立理想的系统？我们需要废除现有系统中的哪些部分？我们需要对哪些新的人员和资源进行投资？

当然，在现实世界中，理想并不是马上就能实现。你对理想模型的设想将随着你的前进和成长而不断变化。同样，你的公司在短期内可能无法抛弃现有的系统。由于政治或经济原因，你可能暂时不得不用你现有的系统来凑合。但是，这些现实并不能掩盖以理想系统模型作为所有行动开端的价值。有了这种模型，你便可以立即开始向理想靠近。你对理想未来的愿景将指引你采取的每一个行动。当你有时间、金钱或资源向理想迈进时，你才会知道应该怎么做，更不会偏离方向。你的理想将成为你的灯塔。你可能需要比你所预想更长的时间才能到达目标，但你将永远走在正确的方向上。

在"第七章转变"中，我详细讲述了设计和实施理想系统模型的方法。

首要策略 4 中的三个关键概念

1. 如果你试图对有根本性缺陷的现有系统进行渐进式

改进，就不可能取得重大进展。

2.通过先设想理想系统模型，你可以根据自身的时间、金钱和资源，以自己的节奏来实现理想系统模型。

3.在你开始每一个项目或倡议之前，都要对理想系统模型进行展望。

首要策略5：给出价值以启动优质关系

正如我们在"第二章后产品经济时代的现实"中所讨论的，在今天的全球经济中，潜在客户更加难以触达。在销售信息的轰炸下，今天大多数消费者的感官都严重过载了。他们不想听人推销，因此运用了语音邮件和呼叫显示等技术。

他们让助理筛选自己的来电，在看电视时，他们用遥控器屏蔽广告。他们几乎做了所有尝试来避免销售人员兜售产品和服务。

为了在这种反推销的环境中取得成功，关系优先企业放弃了工业时代的传统硬性销售方式。关系优先企业不再试图向潜在客户"销售"，而是通过给他们一些有价值的东西来建立联系并"吸引"潜在客户。我把这种方法称为"吸引者营销"。

像所有首要策略一样，吸引者营销是渗透到关系优先企业中的一种理念。在任何时候，关系优先企业都会在期望得到任何回报之前提供价值。它的销售人员举行研讨会，而不是销售演示。它的网站包含有价值的内容，而不仅是销售手册和目录列表。它的商店提供令人兴奋的体验，而不仅是一个购物的地方。所有这些策略都是为了将潜在客户吸引至公司。

例如，假设你是 EGO 无限公司的一名销售人员。在过去的五年里，你一直在向潜在客户做推销，但每年你都注意到潜在客户越来越难接触到。当你打推销电话时，多数都无法打通。你会被转到语音信箱或助理那里。即使你真的打通了电话，他们也会说自己太忙了，无法与你见面，或者编造一些借口。无论你做什么，都没有人愿意听你推销工业法兰式电容。那么你要怎么做？你如何与电力部门的潜在客户取得联系？答案：给出价值以启动关系！不要推销，而是告诉潜在客户你将对他们的电力设施进行免费调查。邀请他们参加一个关于电气管理的研讨会。为他们提供一些文章。给他们一个培训视频，或一个数据库，或一个会员网站的个人账号。这些举措中的每一项都会吸引到潜在客户，他们会来找你获得免费价值。这样做，你才有机会介绍自己并开始你们的业务关系。

为了更全面地阐明吸引者营销的概念，让我们把网站当作案例。大多数网站失败的原因在于它们只是电子版的广告手册，它们是一种数字推销。在这种本质上是非侵入性的电子营销环境中，除非有这样做的理由，否则人们不会访问一个网站。一个关于公司的产品、员工和工厂规模的推销网站是很无聊的。这样的网站没有为潜在客户提供任何价值，所以潜在客户没有意愿访问它。然而，一个采用吸引者营销原则的网站要有效得多。如果该网站为潜在客户提供了大量的免费价值——重要的无偏向性信息、有用的数据库、专家建议、强大的软件或娱乐性的内容，他们就会被吸引。

关系优先企业不仅在销售和营销过程中提供免费价值，而且它可以做得更多。它可以创造能够产生收入的营销工具，如高质量的书籍、视频、研讨会和在线服务。关系优先企业可以将营销过程从开支转化为收入。我把这称为收入营销。例如，这本书就是我的公司的一个收入营销项目。人们为它付费，它帮助推销我的其他产品和服务。我能通过这个营销工具赚钱是因为我花了一年多的时间来创造它的价值。

因此，关键的一点是：如果你想吸引潜在客户，甚至从你的营销工作中赚钱，你必须为你的营销方案增加更高的价值。与其将营销视为一项开支，不如将其视为一项投资，一个潜在的收入来源。为了吸引正确的潜在客户，你需要为你的每一个指定的客户类型制订一个可控型促销理念。这是一个普遍的促销概念，明确了你为了开始新关系而愿意提供的免费价值。例如，在 EGO 无限公司，该公司制订了一个名为法兰效率计划的可控型促销理念。该计划为电力公司经理提供一个免费的法兰式电容效率测试。潜在客户还可以从 EGO 无限公司网站下载免费的法兰式电容效率软件，并访问免费的法兰式电容文章数据库。所有这些免费价值都是为了吸引电力公司经理，以便 EGO无限公司能够与他们建立关系。我将在"第七章转变"中更详细地讨论可控型促销理念。

首要策略 5 中的三个关键概念

1. 因为潜在客户越来越难接触到，你必须"吸引"他们自愿来到你的公司。

2. 为了吸引潜在客户，你必须在推销前提供"免费"价值。

3. 免费价值必须为潜在客户提供一个明显的无附加条件的益处。这个价值是由可控型促销理念决定的。

首要策略 6：提供独特价值的组成部分

在第一章中，我举过三一公司的例子。该公司难以满足客户对齿轮和长杆的定制生产和及时交货需求。三一的信息、制造和分销系统不是设计用来满足每个客户的独特需求。三一的系统是围绕产品设计的，而不是围绕它的客户。因此，三一失去了客户，并错过了许多潜在的赢利机会。

从三一公司以及其他数百家产品优先公司中可以汲取很多经验。为了在当今快节奏的市场中茁壮成长，当机会出现时你必须迅速抓住它们。你必须以新的方式迅速组合你的独特价值，以满足潜在客户的个性化需求。你所有的系统和策略都必须支持快速定制。组织的每一项资产，例如产品、服务、信息、知识和人力资源等都必须被分解成基本组件。你的数据库系统必须能够使你把这些基本组件快速地组合起来，或者最好是让你的客户能够自己组装这些组件。

这就是关系优先企业提供独特价值的组成部分或价值组件的原因。关系优先企业不是围绕特定的产品或服务建立其系统和策略，而是持续供应价值组件，进行无限组合。通过这种方式，这些价值组件使关系优先企业能够在如今的经济时代中茁壮成长。

为了说明价值组件的概念，让我们假设你经营一家象牙塔出版社（Ivory Tower Publishing）。在过去，你在全世界出版了 5000 多种教科书。你也有很多竞争者，而且陷入了商品陷阱。你的公司或你的产品与其他数百家教科书出版商没有什么区别。然而，当你了解到价值组件时，你意识到你的教科书实际上是由超过 10 万个不同的组件组成的：章节、文章、案例研究、研究笔记和分析。你创建了一个包含这些组件及内容的数据库。你的客户——学生和学者——现在可以通过组装这些组件来编写他们自己独有的教科书。这些定制的、独一无二的教科书可以在网上编写和下载，如果是大订单，还可以进行印刷。通过这种方式，象牙塔出版社现在可以向每个客户提供独特的价值。该公司的利润较高，因为它不需要预先印刷书籍或进行库存。该公司还可以为其教科书收取更多费用，因为每本教科书都是定制的。此外，象牙塔出版社只在客户购买了组件后才向组件提供者（作家、研究人员、教师）付款。

通过从基于特定产品（教科书）的商业模式转换为基于价值组件（信息组件）的模式，象牙塔出版社现在正蓬勃发展。该公司现在对变化持欢迎态度，因为客户一直在寻找新的信息。该公司不再有任何可比的竞争对手，因为其他人都在销售特定的教科书。事实上，公司的许多竞争对手现在已经成为其供应商。他们为象牙塔出版社提供其价值组件的原材料。此外，电子邮件和网络等即时通信技术使象牙塔出版社有可能以低廉的价格向全世界提供其价值组件。换句话说，象牙塔出版社因全球化的现实而兴旺。

除了产品和服务，价值组件的概念也适用于关系优先企业的每一个系统和策略。例如，它的营销材料可以分为几个组件。关系优先企业没有印刷宣传册（因为几天或几个月后就会过时），而是利用其营销材料的组件编写独特的宣传册。当客户询问有关公司的信息时，关系优先企业可以迅速向每个客户发送符合其独特需求和要求的定制促销材料。

再如，这种企业创建了一个数据库，列出了每个员工的技能和知识。每个技能都被认为是一个独立的价值组件。当公司想完成一个特定的项目时，只需确定所需要的技能组合。组建的项目组便汇集了拥有所需技能的人。

第三个例子是归档和组织系统。每项信息，无论是印刷品还是数字形式，都以组件的形式存储。例如，假设你想创建一个有 2000 多张照片的资料库。你用数据库记录每张照片并按编号归档，作为一个独立的组件。当你想把一组照片组合在一起时，你可以使用数据库来进行快速搜索和组合。

在数据库的管理下，基于组件的系统和策略具有许多优势。它们使你能够灵活地提供定制产品和服务，并对机会做出快速反应。经过适当的设计，基于组件的系统也是可以无限扩展的，你可以添加无穷无尽的新价值组件。

基于组件的系统也使你有能力为特定客户类型的独特需求提供服务，并更容易扩展新的客户类型。此外，由于基于组件的系统非常高效，你有更多的时间用于以客户为中心的活动（交付价值）和能力发展（创造价值）。

首要策略 6 中的三个关键概念

1.要在一个极速变化的时代茁壮成长，你必须提供独特价值的组成部分或价值组件，而不是具体的产品或服务。

2.通过提供价值组件，你可以更好地满足你的客户和潜在客户的独特需求，并在机会出现时抓住它们。

3.价值组件的概念应该应用于关系优先企业所使用的每一个系统和策略中。

首要策略 7：制定一个大规模定制的规划流程

为了帮助客户选择合适的价值组件，关系优先企业通过大规模定制规划流程来引导他们。这个过程允许潜在客户和客户评估自身的现状，建立明确的目标，制订计划，然后选择正确的工具来实施该计划。这样一来，每个客户都经历了相同的过程，但最终却得到了独特的定制方案。

使用产品优先模式的公司不会推动这种大规模定制。它们的制造和交付过程是为了交付大量相同的产品和服务而建立的。这种"一刀切"的方法可能对公司来说是有效的，但它不会让大多数客户感到满意。

面对客户对定制方案的需求，产品优先公司会陷入混乱，因为它的系统并不是为处理定制订单而设计的。它要么拒绝，要么亏本提供定制方案。诀窍是以高效的方式提供一个定制方案。这就是大规模定制的目的，两全其美。

一个大规模的定制系统需遵循决策路径。这是一系列的步骤，每一步都是对选项的选择。为了具象化这个概念，你可以想象一个大规模定制的汽车工厂。这个工厂给每个人定制汽车，高效且获利丰厚。

第一步，客户从各种汽车类型中做出选择〔跑车、货车、运动型多用途汽车（SUV）、皮卡］。第二步，客户在 18 种车轮中做出选择。第三步，客户选择汽车的颜色。第四步，客户在 10 种不同的方向盘中做出选择。以此类推。在生产线的末端，汽车完全按照客户想要的样子生产出来。而就在它后面，5 分钟后，另一辆车生产出来，正是另一个客户想要的样子。

这里的关键是：每个客户都经历了完全相同的步骤，但每个客户都得到了一个独特的方案。这种方法的另一个关键因素是，该流程的目的就是帮助客户在每个步骤中做出选择。因此，客户会积极参与选择流程。

通过建立这种大规模的定制流程，关系优先企业能够提供独特价值并从中获利。它还能够即时适应技术和市场偏好的变化。例如，如果人们停止购买 SUV 而开始选择购买跑车，汽车公司将能够适应这种需求的变化而不需要重新调整其工厂，因为其系统建立的目的就是应对极速的变化。

在大多数情况下，你不会销售汽车或网球鞋等产品。你销售更多的是无形的产品。这样一来，在你的公司建立一个大规模定制系统就变得更加重要。在这种情况下，你的流程将涉及五个步骤。这是一个普遍的流程，可用于任何业务，无论业务有没有实体。

这个流程包含以下步骤：

1. 评估当前状况

2. 确立目标

3. 制订计划

4. 选择工具

5. 实施计划

步骤 1：评估当前状况。你要帮助潜在客户和客户评估他们目前的情况。确定哪些方法对他们有用，哪些方法没用。然后让客户告诉你为了改善自身状况，他们认为自己需要做些什么。这一步骤可以通过口头提问、书面问卷和计分卡来加快推进。

步骤 2：确立目标。如果不知道客户的目标，你就很难帮助他们。如果他们不知道自己的目标是什么，你就更难帮助他们。这就是这个步骤如此重要的原因。为了提供恰当的解决方案，你和你的客户需要对目标有一个书面陈述。这似乎很合理，但这一步骤在产品优先的情况下很少能做到，因为销售人员不愿发现他们所推销的产品无法帮助客户实现目标。然而，一个关系优先企业总是想知道他们的客户有什么目标。

步骤 3：制订计划。必须强调的是，制订计划的是客户，而不是供应商。在一个产品优先的环境中，公司往往会离开，然后带着一个计划回来供客户考虑。但这通常是行不通的，因为客户通常很少买账。

相反，关系优先企业向客户提出一系列问题，帮助他们制订自己的计划。因此，客户完全买账，因为是他们自己制订了计划。

步骤 4：选择工具。在这一点上，客户可以从一系列产品和服务中进行选择。他们会得到一份完整的可用资源清单，并会在选择过程中得到协助。这些工具既有公司内部的资源，也有外部战略伙伴专家所提供的资源。这与产品优先的情况明显不同，产品优先的公司只提供它们可以直接提供的有限数量的产品和服务。

重要的是，在这一步骤，关系优先企业会获得回报。通过提供大量可供选择的价值组件，关系优先企业有机会销售更多的产品和服务。这似乎很讽刺，但却是事实。产品优先的公司会卖出更少的产品，而关系优先公司会卖出更多的产品。

步骤 5：实施计划。一旦制订了计划并选择了工具，关系优先企业就会帮助客户实施他们的计划。实施活动可能会持续几个月或几年的时间。关键在于，关系优先企业作为计划实施的总体服务商或承包商，应对内部和外部员工的工作进行监督。通过这种方式，关系优先企业在与客户的关系中扮演着核心角色。事实上，凭借着与客户的关系，它还能够将以前竞争对手的产品和服务纳入自己的工具箱从而获得收入。

通过引导客户完成这五个步骤，关系优先企业为客户提供独特价值和高质量的关系，从而发挥客户的全部潜力。这一流程也会充分利用极速变化、竞争加剧和即时通信的全球化现实。

首要策略 8：开发能力，而不是工具

大多数公司从来没有突破过业绩瓶颈，因为它们把大部分时间、精力和资金投入开发工具而不是能力上。例如，假设你聘用一位平面设计师为一个零售商贸易展制作

新的公司手册。这本小册子看起来很不错，在展会上也很受零售商的欢迎。然而，6个月后，你便会遇到问题。你必须为另一个贸易展做好准备，这次是经销商贸易展。但你的零售商手册对经销商来说是不合适的。此外，零售商手册中的许多内容现在已经过时了。在6个月内，你增加了10种新产品，有了3个新的地址。为了制作一个新的经销商手册，你给平面设计师打电话，但设计师现在没有时间。你意识到你又回到了原点。你必须从头开始制作一个新的手册。你有这个问题，是因为你开发的是一种工具（手册），而不是一种能力（快速而轻松地生产定制手册的能力）。

但请看关系优先企业。为了准备参加同样的零售商贸易展，它采取了一种不同的方法。它没有创造一个工具，而是决定发展一种能力：包含其300种产品和服务的价值组件数据库。数据库所花费的时间、精力和资金与制作一本宣传册相比更多，但其优势立即显现出来。为了准备参加零售商贸易展，营销经理使用数据库，选择了一系列零售产品，生成了一个定制的零售手册。6个月后，营销经理通过选择分销商产品，创建了一个分销商手册。同样，公司的其他人也开始以数百种不同的方式使用价值组件数据库。销售部用它来准备用于演示的定制材料。工程部用它来记录和查询产品规格。财务部用它来编写价格表和发票。而分销公司用它来编写库存记录。同时，营销部意识到可以将数据库作为网站的在线目录。

正如你所看到的，通过投资一种能力，关系优先企业能够在生产力和灵活性方面实现巨大的收益。如果出现了新的机会，价值组件数据库能够使关系优先型企业迅速和专业地提出独特的解决方案。虽然价值组件数据库的创建成本比编写宣传册要高，但这种能力在几个月内就得到了回报。现在，公司再也不用从头开始编写新的宣传册了。

为了阐明这一主要战略，需要更清楚地定义工具和能力。工具为有限的人提供了短期利益或对特定问题的即时解决方案。工具通常是由一个人或一个部门单独创建的，其他人员或部门无法轻松使用。工具只适用于特定的用途，而且使用期限有限。因此，在开发工具上投入的时间、精力和资金的回报率极低。

例如，在 EGO 无限公司，营销部门的碧翠斯

（Beatrice）花了 5 年时间建立一个数据库，用于分发他们的通信《EGO 报告》。她使用一个名为"通信人"（The Newsletter Peoplizer）的数据库，在其中积累了超过 25,000 个名字。碧翠斯喜欢自己的数据库，但她是唯一一个使用它的人。在直销部门，霍勒斯（Horace）有自己的数据库，其中有 20 多万个名字。他使用的程序叫"直寻"（Direct Finder）。同时，在财务部，佩里（Perry）使用"软书"（Book Soft）来跟踪客户的账户。碧翠斯、霍勒斯和佩里或许通过使用自己的软件提高了个人生产力，但存在一个大问题。由于专注于工具，EGO 无限公司不具备在部门之间分享信息的能力。数据无法快速合并，也无法以新的方式聚集。

因此很难应对新的、未预见到的机会。同样，碧翠斯、霍勒斯和佩里也受到了限制。通信人软件可以帮助碧翠斯处理通信，但不能帮助她管理销售会议和客户演示。对于这些任务，她必须使用其他软件。为了协调一个项目，她花了很多时间将信息从一种数据库软件转移到另一种，效率极低。因此，碧翠斯花了很多时间在低价值的活动上，例如寻找、处理和分发信息等活动，而很少有时间为客户创造和提供价值。

另外，能力为与公司有关的每个人提供获得长期收益和持续时间长久的解决方案。能力是由团队而不是个人创造的。这些能力是基于长期视角而设立的公司系统。能力帮助关系优先企业抓住新的、未预见到的机会。能力是对未来的投资，而不仅是现在。能力也使关系优先企业突破了业绩瓶颈。能力提高了所有业务领域的效率和灵活性，增加了关系优先企业花在创造和交付价值上的时间，减少了花在低价值活动上的时间。它还能节省时间用于发展进一步的能力，这反过来又能提高其创造和交付价值的能力。这种基于能力而非工具的螺旋式上升确保了相比那些不断创造工具的公司，关系优先企业会有更高的增长，更大的成就。

下面是几个例子，说明如何在业务的特定领域发展能力，而不是工具。

战略规划：与其制定处理具体问题的战术（工具），不如制定长期的模式和策略，使你的公司有能力在问题出现时快速有效地处理它们（能力）。

制造：与其购买一台制造特定零件的机器（工具），

不如购买一台可以通过快速重置，加工制造数百万个不同零件的机器（能力）。

软件：与其使用执行特定功能的软件（工具），不如使用"积木式"软件，允许你创建自己的定制程序和软件解决方案（能力）。

营销材料：与其创建特定的营销材料，如宣传册（工具），不如开发能让你快速、轻松地创建定制宣传册的系统（能力）。

办公室组织：与其每个月清理办公室里的乱七八糟的东西（工具），不如制定组织体系，让你的办公室一直保持整洁。

工作人员：与其总是为特定的工作寻找新人（工具），不如开发一些系统，使你能够在需要时寻找和聘用有才能的员工（能力）。

团队：与其为具体项目建立团队（工具），不如开发一些系统，使你能够快速建立团队，并帮助团队开展有效的合作（能力）。

培训和教育：与其教员工如何做一项具体的任务（工具），不如教他们基本的原则和概念，这样当需要做新的任务时，他们就可以创新并自己做（能力）。

虽然大多数人都知道能力优于工具，但有许多原因导致大多数公司几乎只关注工具。第一，许多公司管理者不想花额外的钱来发展能力。他们只有一个短期的财务视角。第二，他们没有从日常活动中抽出时间来建立更好的系统。他们的时间安排太紧张了。他们有太多的事情要做。但具有讽刺意味的是，通过制造和使用工具，他们从未摆脱过束缚。他们总是很忙，无法建立更好的系统。第三，他们不理解什么是能力。他们甚至不考虑建立更好的系统。这不在他们的议程上。因此，他们注定要永远陷入业绩瓶颈。

能力与工具的概念也适用于商业模式和策略。一个公司通常会太忙或太短视，无法投资更好的商业模式或更有效的策略。公司的领导人宁愿继续使用一个不起作用的过时商业模式，也不愿意花一些时间开发一个新的商业模式。或者他们选择继续使用无效的策略，因为他们不想停止日常的活动。

同样，他们也没有建立起帮助他们不断评估其商业模式和策略的系统。这种对特定模式和策略（工具）的关注，将一个公司困在了业绩瓶颈。

为了成为一个关系优先企业，你的公司必须开始发展更好的能力。你必须花时间，并投资资金，规划和建立更好的系统。在"第七章转变"中，我将描述如何在你的公司中计划和创建新的能力。

首要策略 8 中的三个关键概念

1. 一个工具为一小部分有限的人提供了短期利益或针对特定问题的即时解决方案。

2. 一种能力为与你的组织相关的每个人提供可获得长期收益和持续时间长久的解决方案。

3. 通过开发能力，而不是工具，你可以增加公司用于为客户创造和提供价值的时间。

首要策略 9："先下后上"策略

公司和个人经常陷入业绩瓶颈，因为他们不愿意为了在未来取得更大的成果而经历任何短期的销售或生产力下降。他们根本不愿意先跌后涨。我把这称为"先下后上"。

例如，假设你的公司二十多年来一直在向高中教师推销教育产品和服务。近几年销量平平，但你仍有少量的利润。研究表明，你可以为那些想自己教孩子的父母调整产品，从而大幅扩大你的业务，但你意识到必须投入大量资金和时间来创造新产品，并在新市场进行推广。同样，你将不得不从高中市场抽出资源，可能还会面临一年的整体销售收入下降。

尽管你已经为打开家长的市场提出了很好的理由，但你的投资者不会容忍收入和红利的下降。高级管理层也担心如果收入出现下降，他们会失去工作，即使这只是暂时的。因此，新的营销项目被搁置了，而你继续向学校教师销售教科书。你的公司不愿意先跌后涨，因此无法实现任何更美好、更光明的前景。

可悲的是，大多数公司的管理者都采取了这种做法。他们不再承担风险，并因此而停止了增长。这很有讽刺意味，因为大多数公司都是由愿意先跌后涨的企业家创办的。企业家创业时可能已经辞去了工作，或进行了大额投资，以便创办公司。最初，他们可能只赚了很少的钱，但最终投资得到了回报。通过先跌后涨，他们实现了一个更美好、更光明的未来。不幸的是，这些企业家或他们的继承者，在某些时刻停止了冒险。当他们获得了一定程度的富裕和舒适，就不愿意再陷入困苦之中。因此，他们陷入了业绩瓶颈。

另外，关系优先企业则采取了完全不同的方法。例如，当公司决定创造新的独特价值来开拓新的客户类型时，它就会准备好进行"先下后上"策略。

与公司有关的每个人——员工、高级管理层、投资者、银行家、供应商和客户都明白，他们必须先抑后扬。当销售收入暂时下降六个月时，每个人都知道组织刚刚停止为客户提供价值，从而可以花一些时间来创造价值，公司上下不会有业绩下降的恐慌。"先下后上"策略是一个有计划的事件，是为了实现更大、更长期的目标而执行的事件。这样，关系优先企业通过一系列有计划的下跌，然后急剧增长，从而继续做大做强。

要成为一个关系优先企业，你的公司必须将这一策略纳入企业文化之中。每个人都必须愿意，并被允许"先下后上"策略的发生。例如，如果你的办公室杂乱无章，你就必须抽出时间来更好地整理它。如果这样做，你将能够在未来提供更多的价值。或者如果你的营销方案没有发挥作用，你就需要停止执行这些方案，并计划更好的方案。短期的销售损失将在未来得到更大的销售回报。如果你的计算机系统效率低下，你就需要停止使用它们，建立更好的系统。通过抽出时间，从长远来看，你会更有效率。这里学到的经验很简单。在这些案例中，每一个案例都因为先下后上而实现了长期利益。

先下后上的概念将帮助你实施这一策略。如果你或你的公司需要重组、改组或重新设计，只需计划和执行先下后上策略，进行提前计划和安排，留出钱来支持这一计划。

传递你的意图，说明你暂停成长的目标是什么。通过采取一系列有计划的下降，你将培养出使你的企业变得越来越好的能力。

首要策略 9 中的三个关键概念

1. 为了实现更美好、更光明的未来，你可能必须先抑后扬。

2. 愿意经历短期收入和生产力下降以创造新的独特价值的公司，最有可能实现最高水平的未来增长。

3. 为了从投资者、高级管理层、员工和其他与你的公司有关的人那里获得对暂时性衰退的支持，你需要对先下后上策略进行计划、准备和执行。

策略的策略

如果你采用本章介绍的九条首要策略，你的公司将有很大的机会在未来茁壮成长。首要策略将帮助你用新的关系优先公式取代过时的产品优先公式。这些策略将帮助你面对后产品现实，并解决你的限制因素进而突破业绩瓶颈。

但最重要的是，这些策略还将帮助你发展关系优先企业的一个重要能力：识别和接管根植于公司文化的策略的能力。我把这种能力称为"策略的策略"。

通过学习和采用九条首要策略，你和你的团队将抵达一个更高的战略层面：概念、符号、原则和范式的层面。你将能够识别并摒弃损害你的业务的原有策略（如产品优先公式）。你将能够制定新的、积极的策略，推动你的企业向前发展。你将能够识别并处理在你的公司中生根的深层心理和文化影响。你将能够创建并采用你自己的首要策略。你的企业将成为一个关系优先企业。

在下一章"关系优先企业"中，我将为你详细描述一个围绕关系优先公式而建立的公司。

第五章

关系优先企业

"在争夺面包的过程中，可以自然而然地达到完美的效率。但在此之外还有一些东西——一个更高的点，一个微妙的、明确无误的、超越单纯技巧的爱和自豪感的触动；似乎是一种灵感，它赋予所有工作以艺术般的结尾——这就是艺术。"

——约瑟夫·康拉德（Joseph Conrad），

《海之镜》（*The Mirror of the Sea*）

将你的公司转变为关系优先企业，不仅是为了追求金钱，也不仅是为了获得更高的生产力。这是一种对"更高点"的追求，是超越"为面包而争夺"的追求。用约瑟夫·康拉德的话说，这是一项使命，要建立一个"似乎是一种灵感，它赋予所有工作以艺术般的结尾——这就是艺术"的东西。

作为艺术作品，关系优先企业代表了一种理想：完美公司的原型，一个在如今的经济时代的环境中蓬勃发展的组织。当然，像所有的理想模式一样，关系优先企业也代表了一种难以实现的完美状态。没有人建立过完美的公司，将来也不会。然而，关系优先企业给了你一个理想或模式，让你向往。它将激励和指导你在未来规划、建设和改造你的企业。

下面是关系优先企业的模式特征。

基于关系优先公式的商业模式

关系优先企业已经接受了这样一个事实：我们生活在一个充满活力的世界。关系优先型企业承认，起源于工业革命时期的原有商业模式在 21 世纪已不再有效。因此，关系优先企业已经放弃了产品优先公式，而采用了关系优先公式。关系优先企业的目标是通过向特定类型的客户提供独特价值来发展优质关系。因此，关系优先型企业所有的策略、系统、能力和营销方案都是围绕客户而不是围绕产品或服务而设计的。

策略从客户类型开始

关系优先企业的第一个战略决策就是选择它们的目标客户类型。关系优先企业根据许多因素来选择其客户类型，包括其经验、现有的专业知识与能力、竞争环境和市场潜力。关键的一点是，关系优先企业首先选择其客户类型，而不是其产品或服务。

例如，公司可以选择**养狗人士**作为其客户类型，也可以选择**公司总裁**或**农民**。或者它可以选择更专业的客户类型，如**斗牛犬主人**、**软件公司的总裁或鸸鹋养殖者**。事实上，关系优先企业可能会选择一个有前途的客户类型，即便它目前并没有任何现有的产品或服务。

请注意：关系优先企业可以有一个以上的客户类型，但它必须分别应对每个客户类型，甚至为每个客户类型创建一个单独的公司。然而，必须指出的是，未来最成功的公司将只有一种客户类型，这将简化它的运营，并使它成为其客户类型中无可争议的专家。

独特价值被划分为不同的组件

当关系优先企业选择了它的客户类型，它就会开发出拥有独特价值的各种组件。这些组件是研究和经验表明将对其客户类型有利的产品、服务和信息的尽可能小的子单元。这些组件将由公司或客户直接拼装成定制的、个性化的产品或服务。例如，一家以**休闲水手**为客户类型的公司将开发产品组件（帆船的零件）、服务组件（不同种类的租船服务）和信息组件（关于航海的信息数据库）。其客户——**休闲水手**，可以将这些组件拼装成独特的、定制的帆船、假期租赁服务和航海书籍。通过这种方式，关系优先企业可以不断提高与其客户类型人群的关系质量，从而不断增加他们感兴趣的新价值组件。

请注意：关系优先企业不需要成为这些价值组件的制造商。公司可以采用其他制造商、战略伙伴甚至是竞争对手所提供的价值组件。事实上，理想的关系优先企业并不生产或提供任何价值组件。它只是连接其他公司所提供产品和服务的通道。

开发出拼装价值组件的能力

当关系优先企业积累其价值组件的工具箱时，它也开发了一些系统，以帮助其员工或者客户快速拼装这些组件。这些系统具有如下配置和功能。

● 支持价值组件的数据库。

● 基于组件的数据库支持的档案系统（包括实体版本和数字版本）。

● 可以使员工和客户通过电话、电子邮件、网络、传真和印刷品进行综合性沟通的能力。

● 支持快速制造和分销定制产品和服务的设施和设备。

● 与价值组件的提供者建立伙伴关系的活动。

该公司的所有系统都是围绕客户设计的，而不是围绕产品或特定类型的技术而设计的。例如，其数据库或信息系统是围绕其人员数据库设计的，而不是围绕其制造、工程或财务数据库而设计的。通过这种方式，这些系统体现了关系优先公式，而不是过时的产品优先公式。

免费提供价值，开始建立关系

关系优先企业承认，在未来，潜在客户更难开拓。它知道，通过广告和充满商业气息的网站等媒介进行的硬性推销，并不能吸引企业想要的潜在客户。因此，为了吸引符合其客户类型的优质潜在客户，该企业在关系开始时就要提供价值。

关系优先企业不是直接开始推销，而是向潜在客户提供有价值的东西来换取开始关系的机会。

例如，关系优先企业可以向潜在客户提供免费的产品或服务，如建议、研讨会、书籍、软件或某种独特的体验。通过这种方式，当今繁忙的、感官负担过重的消费者所设置的推销障碍就被关系优先企业突破了。关系优先企业不再推销，而是吸引拥有自身意愿的高质量潜在客户，可以是当面进行，也可以通过电话、网络，或者通过其他营销渠道或技术进行。关键的一点是：关系优先企业不会用促销活动主动打扰潜在客户，而是通过免费提供有价值的东西来吸引他们。

围绕客户类型创建的营销方案

关系优先企业创建的营销方案以客户类型为中心，而不是以产品和服务为中心。该方案通过明确传达公司提供的免费价值和价值组件来吸引指定的客户类型。

例如，让我们假设一个关系优先企业将**脑外科医生**作为其客户类型。为了开拓这个市场，公司可能会创建"脑外科医生知识计划"。该计划旨在为**脑外科医生**提供源源不断的独特价值。为了开始吸引脑外科医生加入该计划，关系优先企业让它们在公司网站上免费联系**脑外科医生**。一旦**脑外科医生**开始使用该网站，关系优先企业就会通过向他们提供数以千计的其他价值组件，如会议、医学期刊、书籍、设备和软件等来赚钱。

该营销方案是永不过时的，因为它独立于任何营销工具或技术。除了网络，公司还可以通过印刷品（杂志、通讯、目录），电话，电子邮件（电子通信），多媒体（音频、视频、光盘）提供"脑外科医生知识计划"，或者在会议和贸易展上亲自提供。公司还可以使用任何新出现的工具或技术，并且不会改变计划的基础。自本书 2000 年版本出版以来，社交媒体等新的营销技术相继问世，已经成为关系优先企业的另一营销工具。

使用集中式数据库系统培养的优质关系

数据库是关系优先企业的大脑，有关潜在客户和客户的相关信息被储存在这个大脑的中心。每当潜在客户和客户与关系优先企业接触时，无论是当面、通过电话、在网上还是通过电子邮件接触，有关接触的信息就会被记录在数据库中。所有的信息都可以被合并、分类和分析。为了促进这种高度衔接的数据收集和分析，数据库系统是围绕企业的客户设计的。这样，关系优先企业便可以利用数据库系统来管理其关系，利用存储在其中的信息来计划和为其客户创造新的独特价值。

请注意：当你开始在数据库中收集信息时，就会出现隐私问题。这是一个复杂的问题，但有一个因素可能会让你免于犯错。如果你的客户认为你在保护他们的隐私，他们就会继续向你提供你所需要的信息。如果你不尊重他们的隐私，他们便会停止向你提供你所需要的信息。

自本书 2000 年版出版以来，对隐私的关注，特别是关于互联网服务提供商和社交媒体网站对私人数据使用的关注正在不断升级。

在大规模、个性化的基础上进行沟通

关系优先企业利用其数据库系统中的信息以及大量的工具和技术，与客户进行大规模但个性化的沟通。关系优先企业有能力向其所有的特别客户发送电子邮件或印刷信件，根据每个人的个人兴趣、需求或特殊情况，为其提供独特的价值组合。这种能力通常被称为大规模定制，可以使关系优先企业与客户发展更紧密的关系。

例如，让我们假设一个关系优先企业选择**艺术收藏家**作为其客户类型。为了服务这个市场，该公司创建了"艺术收藏家全球网络"。该计划的目的是为艺术收藏家提供一些价值组件，包括在线拍卖、艺术史研讨会、艺术旅行和艺术品安全服务等。

当艺术收藏家与关系优先企业接触时，有关该收藏家的信息将被收集起来（通过对话、采访和调查等方法），然后储存在公司的中央数据库中。通过数据分析，公司可以看出每个人的个人偏好。

通过这个过程，你可能会发现，甲主要对弗拉曼克艺术感兴趣，乙迷恋古典艺术，而丙是立体主义的追随者。为了迎合每个人的独特兴趣，该公司开发了一种能力，自动收集和传递每个人感兴趣的特定价值组件的信息。因此，甲会收到关于弗拉曼克艺术的信息和推销，乙会收到关于古典艺术的信息，丙会收到关于立体主义的信息。

通过这种方式，关系优先企业能够给客户提供它们想要的东西，而且只提供它们想要的东西。这种大规模、个性化的沟通方式进一步加强了优质关系，即关系优先企业与符合其客户类型的人加强关系。

基于关系优先公式的组织结构

在产品优先公司，公司专注于产品的创造和分销。这种产品优先的重点决定了公司的组织结构。传统上，这些公司主要包括以下几个部门：

- 研究部门

- 生产部门

- 销售和营销部门

- 分销部门

- 财务部门

关系优先组织模式有四个部门：

- 关系管理部门

- 价值创造和交付部门

- 观点和创新发展部门

- 策略和系统支持部门

让我们更详细地看一下这些部门的情况。

关系管理部门：该部门负责与符合公司客户类型的潜在客户和客户建立并保持优质关系。该部门分成以下几组：关系调查组、关系发展组、沟通组及欣赏和认可组。

- 关系调查组找到符合公司客户类型的潜在客户。

- 关系发展组通过提供免费的价值套餐用户计划，启动与潜在客户的关系。

- 沟通组的任务是与潜在客户和客户保持持续的对话。

- 欣赏和认可组通过表达对高质量客户的认可来使客户不断再次上门。

价值创造和交付部门：该部门创造并提供公司指定客户类型感兴趣的价值组件。该部门有四个分组：价值组件开发组、组件拼装组、计划打包组和价值交付组。

● 价值组件开发组发现并开发能引起公司潜在客户和客户兴趣的价值组件。

● 组件拼装组开发新的方法来组装公司的价值组件，可以由员工组装，也可以由客户直接组装。

● 计划打包组将公司价值组件的独特配置组装在一起，使所有客户或特定的单独客户感兴趣。

● 价值交付组保证客户收到他们所订购并组装完成的价值组件。

观点和创新发展部门：该部门产生、过滤和强化可以被公司用来创造并向客户提供更多独特价值的新想法和新概念。该部门有三个分组：观点产生和整合组、观点过滤和选择组，以及创新强化组。

● 观点产生和整合组花时间吸收信息，并以新颖的方式将这些信息结合起来，产生可能对公司和客户有帮助的新观点。

● 观点过滤和选择组审查前一组所提出的观点，并选择出那些被认为值得进一步开发的观点。

● 创新强化组采纳被选中的想法，进行广泛的研究，并进一步发展可用于创造和提供更多独特价值的创新。

策略和系统支持部门：该部门有四个分组：策略和系统设计组、团队建设和管理组、能力开发和维护组，以及财务和行政组。

● 策略和系统设计组确保公司不断审查主要业务模式、策略和系统，还负责设计新的核心策略和系统。

● 团队建设和管理组负责创建新团队。新团队的目标是为公司的各个部分做出更好的策略规划和建立更好的系统。这个小组还确保各小组进行不断的定期交流。

● 能力开发和维护组是公司系统的建设者。他们的工作对象是各个团队，以确保发展的能力可以支持公司的策略。

● 财务和行政组负责处理保持公司运转所需的所有其他活动，如财务服务和报告、人力资源管理和法律管理。

当然，这个模式只是一个参考。你需要根据公司的不同特点对这一模式进行调整。然而，该模式确实有助于说明创建一个以客户而不是以产品为中心的组织结构的重要性。因为如果试图用一个旨在生产大量产品的组织结构来发展优质关系，会导致大多数公司陷入策略和系统的混乱。在大多数情况下，公司的管理者们要么悲惨地失败，要么变得非常沮丧。因此不要再犯同样的错误。需要做的是开发一个专注于为特定的客户类型创造和提供独特价值的组织结构。

策略规划和系统流程确保进展

关系优先企业的结构支持持续的策略规划和系统开发。它鼓励公司的每个人从日常的工作中抽出时间，建造一艘更好的船。对于公司的每一个重大项目（如新系统开发、网站设计、数据库整合、营销方案创建等），都要建立团队来规划策略，设计理想的系统模型，并确定所需行动。关系优先团队遵循此类流程：

策略系统调研： 在进行任何重大项目之前，应进行调研以审查公司的现状。这一调研将揭示公司现有策略和系统的优势和劣势。

策略和系统设计研讨会： 在这些研讨会上，由来自公司不同部门的人员组成团队，制定更好的策略，设计更好的系统。为理想的未来策略和系统建立各种模式。在研讨会结束时，创建分步骤的行动计划，每个团队成员解释他们为达到预期的理想模式将采取的行动。他们还要承诺不断交流，审查进展，并制定新的策略和制度。

进展和行动会议： 这些会议都是定期举行的。团队回顾其进展，审查并完善理想的策略和系统模型，并决定下一步要采取的行动。通过持续不断地举行这些会议，团队会感到公司正在向它所创建的理想模式稳步前进。

将关系优先模式付诸实践

为了帮助你理解关系优先模式是如何在不同类型的公司中应用的，第六章中介绍了六个已经成为关系优先企业的假想组织。

关系优先企业情景分享

> "要失败可能有很多方式⋯⋯而要成功可能只有一种方式（因此，一个容易，另一个困难——错过目标容易，击中目标却很难）。"
>
> ——亚里士多德（Aristotle，公元前 384—前 322 年）

2300 多年前，亚里士多德曾思考过成功与失败之间的细微差别。亚里士多德说，错过目标容易，击中目标却很难。

多么正确！在 10 多年前，任何从事商业的人都面临着同样的现实。失败的方式有很多，而成功的方式只有一种。在我看来，在未来取得成功的途径将会是采用关系优先公式，并建立一个为特定客户类型提供独特价值的企业。为了阐明我的理念，并帮助你发展自身的关系优先企业，我提出了六个情景，其中部分情景是基于我在咨询实践中合作过的真实公司。

情景 1：精益求精制药公司

自 100 多年前公司成立以来，精益求精制药公司（The Excelsior Drug Company）一直在使用产品优先公式。该公司销售一系列著名的非处方药和保健品，其中头痛药维摩科斯（Vymox）很受欢迎。然而，近年来，来自仿制药公司的竞争日益激烈，主要零售买家下调价格，精益求精公司的利润率下降。为了扭转局面，该公司决定采用关系优先公式。

作为一家大公司，精益求精公司意识到可以为几十个客户类型提供服务，但公司决定从一个客户类型开始：**新生儿父母**。公司的目标是为他们提供尽可能多的独特价值，从而"拥有"与这种客户类型的关系。除了传统的婴儿保健产品，精益求精公司可以为**新生儿父母**提供更多新的价值组件。这些价值组件包括以下内容。

● 婴儿保健信息（以书籍、通信、视频、音像光盘和研讨会的形式）。

● 为父母提供客户服务热线（通过网络和电话）。

● 发布在该公司健康宝宝网站上的医生建议。

● 注册教育储蓄计划（RESP）、人寿保险和其他金融服务的特惠折扣。

● 由其他供应商销售的大量产品的在线目录，包括尿布、婴儿服装、婴儿家具、玩具，以及新父母可能需要的任何其他产品。

● 包含助产士、保姆、日托设施、医生和其他支持服务的数据库。

为了将这些价值组件整合在一起，精益求精公司创建了"健康宝宝计划"。父母加入该计划，可获得免费的健康宝宝套装（内含价值超过 100 美元的产品），也可免费访问该公司的健康宝宝网站。为了加入该计划，家长们要完成一份详细的调查，列出他们作为新生儿父母的所有关注点和需求。这项调查信息被输入公司的中央数据库。关系管理部门使用这些信息来创建定制的电子邮件信息和个性化的网页，以满足每个计划成员的独特需求。

　　新生儿父母争相访问公司网站，因为网站包含了保证婴儿健康的所需信息。据最新统计，该公司已经吸引了超过 200 万名**新生儿父母**注册。此外，精益求精公司现在通过在公司网站上出售广告，以及从第三方供应商出售的非药品产品的销售佣金中获取收益。该公司之所以能赚到这笔钱，是因为公司与**新生儿父母**的关系在市场中是最好的。各个行业的其他公司与这个群体都没有如此直接的联系。因此，如果其他公司想接触到**新生儿父母**，它们通常会以精益求精公司作为中间人。

　　因为关系优先公式，精益求精公司的前景现在是一片光明。该公司已经突破了以产品为中心的思维模式。它不再认为自己只是一家医疗保健公司。它认为自己是一家为**新生儿父母**提供独特价值的公司。公司现在提供数千种不同的产品和服务来获取收益。因此，公司完全有能力在一个极速变化、竞争加剧和即时通信的时代中茁壮成长。变化有助于精益求精公司，因为新生儿父母总想从健康宝宝计划中寻找新的产品和服务。竞争不再是一个问题，公司现在从其竞争对手那里获取收益。同时，即时通信技术，如网络、电子邮件、数据库和高速数字印刷，使精益求精公司能够以稳定和廉价的方式与新生儿父母进行大规模的个性化沟通。

情景 2：佩库尼亚金融公司

多年来，佩库尼亚金融公司（The Pecunia Financial Corporation）一直在努力将自己打造成一个独特的金融服务公司。它出售大量的金融服务，包括税务规划、保险、共同基金、在线交易、商业银行、兼并和收购等，但它很难与其他的银行、保险公司、投资公司和财务规划师区别开来。

直到公司总裁读到本书的 2000 年版本，意识到未来取决于关系优先公式。经过对市场的研究和对公司核心能力的评估，佩库尼亚金融公司的团队选择将**商业合伙人**作为其客户类型。

为了吸引世界各地的**商业合伙人**的兴趣，佩库尼亚制订了"商业合伙人成功计划"。该计划旨在为**商业合伙人**提供源源不断的独特价值，帮助他们成功地处理所面临的具体问题和挑战。该计划的价值组件是专门为商业合伙人定制的，它包括如下内容：

- 专门为解决商业合伙人所面临的问题而举办的商业规划研讨会和咨询服务。

- 为商业合伙人提供的书籍、音像光盘、视频和工作手册。

- 在一名合伙人过早死亡的情况下保护另一名商业合伙人的人寿保险产品。

- 继承规划服务。

- 税务规划和会计服务。

- 法律服务。

- 访问商业合伙人成功网站。

在大多数情况下，佩库尼亚并不直接向**商业合伙人**提供这些价值组件。价值创造部门一直在寻找高质量的公司，为**商业合伙人**提供有价值的产品和服务。换句话说，佩库尼亚不受自己产品、服务和能力范围的限制。通过外部供应商，佩库尼亚可以为其客户类型不断提供独特价值。

为了与符合商业合伙人成功计划资格的潜在客户建立关系，佩库尼亚公司为商业合伙人提供免费的一对一合伙人规划研讨会。在研讨会上，合伙人提出他们所面临的个人和商业问题，然后佩库尼亚财务顾问说明可供利用的税务和会计解决方案。通过免费提供这类研讨会，佩库尼亚可以与商业合伙人安排很多次会面机会，在这些极有帮助的研讨会结束后，大多数商业合伙人都加入了该计划。大多数新客户说："外面有很多财务顾问，但佩库尼亚是唯一一家处理我们作为商业伙伴所面临独特问题的公司。"

为了与潜在客户保持联系，佩库尼亚金融公司以电子邮件和印刷品的形式定期提供《商业合伙人报告》通讯。该公司还开发了"商业合伙人成功软件"和"商业合伙人成功视频"。这些产品大获成功，它们是营销工具，也是收入的一种来源。公司总裁威尔弗雷德·戈德赛斯（Wilfred Goldsides）也在编写一本书：《商业合伙人成功公式》（*The Business Partners Success Formula*）。每当记者报道商业合作关系时，媒体都会广泛引用戈德赛斯的话。

通过围绕其客户而不是围绕其产品和服务开展业务，佩库尼亚金融公司还能够在其计算机和信息系统的效能方面取得巨大的改进。作为一个团队，来自公司所有部门的代表一起开发了一个理想的信息系统模式。为了支持关系优先公式，佩库尼亚的信息系统是围绕人员数据库，而不是其生产制造和会计活动而建立的。佩库尼亚的人员数据库包含超过 25,000 个**商业合伙人**的信息。公司创建了一个价值组件数据库，包含了公司提供的所有 300 个价值组件。商业合伙人成功网站的访问者可以访问价值组件列表，并拼装一个独特的产品和服务组合，从而满足他们的个人需求。此外，人员数据库所包含的信息使公司有能力向每个计划成员发送定制的印刷品和电子邮件信息。

所有其他数据库，如财务报告、交易活动、会计和项目管理数据库，都与中央人员数据库相连接。

由于建立了一个基于关系优先公式的信息系统，公司每个人的生产力和效率都大大提升。由于所有的信息都以客户为中心，佩库尼亚的员工能够将更多的时间用于高价值活动（提供价值和创造价值），而将更少的时间用于低价值活动（重复事项）。佩库尼亚的顾问现在有更多的时间与客户在一起，而在机械和重复性的行政杂务上花费的时间更少。

最重要的是，佩库尼亚已经能够从竞争中脱颖而出，将自己打造成一个拥有独特客户类型的独特公司。公司获得客户变得更容易，因此赚钱也更容易。此外，为佩库尼亚工作的人也更加专注。他们知道自己的工作是为商业合伙人创造和提供价值。他们已经准备好在如今的经济时代茁壮成长。

情景3：虎莉茶业公司

其广受欢迎的茶叶系列使虎莉茶业公司（The Tiger Lily Tea Co.）成为世界上最成功的茶叶供应商之一。然而，随着数百家新的茶业公司进入全球市场，多年来该公司的利润一直不上不下。虎莉茶业公司一直在寻找扩大业务并从茶叶消费市场的残酷低利润竞争中脱颖而出的新途径。此外，虎莉茶业公司也一直在寻找方法，利用技术优势更有效地销售产品。然而，网络上有成千上万的茶业公司，大家都在进行价格竞争。问题是，在充斥着各种茶叶的市场中，虎莉茶业公司如何能够脱颖而出？

为了回答这个问题，虎莉茶业公司花了一大笔钱，试图开发出更好的茶叶种类，并分析其在该行业的竞争对手。

不幸的是，这些解决方案似乎都不可能推动虎莉茶业公司获得更高的增长和利润。但幸运的是，虎莉茶业公司的高管们读了本书的 2000 年版本，意识到关系优先公式可以对公司进行全新改造。

作为转型的第一步，虎莉茶业公司决定将注意力从其产品（茶叶）上移开，并把客户类型（**茶叶爱好者**）作为其战略思维的起点。虎莉茶业公司建立了一个全新的公司，为**茶叶爱好者**提供独特价值。有了这一决定，虎莉茶业公司长期以来被以产品为中心的思维所压抑的创造力就涌现了出来。虎莉茶业公司并不是只想卖它的茶，或者做一种更好的茶，而是决定为**茶叶爱好者**提供数百种不同的价值组件，包括以下内容：

● 世界上最大的茶叶数据库（卖家包括虎莉茶业公司及其竞争对手）。

● 可以购买到全世界各地茶叶的线上店铺。

● 关于茶的所有书籍和视频。

● 对互联网上所有与茶有关的网站的评述。

● 市场上各种茶叶的集中目录。

● 世界各地所有茶馆的名单。

● 前往世界各茶叶种植区的旅行。

虎莉茶业公司将这个项目称为"爱茶者网络"。其目的是通过提供尽可能多的有关茶叶的信息来将茶叶爱好者吸引至公司。每个在爱茶者网络上注册的人都会收到一个免费的异国茶包，并有机会赢得传统日本茶道旅行。在该项目实施的第一年，超过 50 万名茶叶爱好者访问了网站并加入该网站会员。成员评论："这是世界上唯一一个我可以获得有关茶叶的高质量信息的地方，它不与任何特定的公司绑定。我来到这个网站是因为关于茶的一切信息都可以在这里找到。"

通过吸引**茶叶爱好者**，虎莉茶业公司已经开始控制**茶叶爱好者**和茶业公司之间的信息流通。虎莉茶业公司现在"拥有"与**茶叶爱好者**的关系。几乎每个**茶叶爱好者**都会去它的网站，虎莉茶叶公司能够吸引数以百计的前竞争对手成为其顾客。他们向虎莉茶业公司付费，从而获得通过爱茶者网络网站宣传和每年出版两次的《爱茶者》（*The Tea Lovers*）宣传以及销售茶叶的权利。此外，虎莉茶业公司也积累了一个**茶叶爱好者**的巨大信息数据库。虎莉茶业公司知道人们为什么购买某种茶，在寻找什么新茶，以及喜欢和不喜欢的品牌。数十家营销商希望从虎莉茶业公司获得这些信息，并愿意为这些数据支付大笔资金。

通过采用关系优先公式，虎莉茶业公司为自己带来了很多发展。公司不必担心其茶叶的低利润，因为大部分时间公司都在赠送茶叶，从而让人们加入爱茶者网络。公司也不必担心变化，因为它知道永远会有**茶叶爱好者**。

虎莉茶业公司并不哀叹即时通信的传播。即时通信使茶叶消费者获得了更多信息、更多的自主权，帮助虎莉茶业公司吸引了成千上万的新客户，并创造了几十个新赢利方式。

情景 4：高尔夫球场经理公司

当乔治·斯温（George Swing）辞去草皮和绿地公司（The Turf & Green Co.）全国销售经理的工作时，所有人都认为他疯了。毕竟，草皮和绿地公司是世界上最大的高尔夫球场维护设备供应商。但乔治有一个计划。读完本书2000 年的版本后，他意识到草皮和绿地公司的思维还死死停留在 19 世纪。董事长和高管们无法突破产品优先公式。每当乔治提出新方法，准备扩大向客户提供的独特价值，高管们看他的眼神就好像他是个疯子。尽管草皮和绿地公司正面临着来自许多新竞争对手的日益激烈的竞争，利润率不断下降，但高管们却完全不愿意改变。他们希望极速变化、激烈竞争和即时通信的全球化现实只是一时的流行。为了在公司开始衰落之前脱身，乔治决定成立自己的公司，命名为高尔夫球场经理公司（The Golf Course Manager Co.）。

高尔夫球场经理公司的使命是帮助**高尔夫球场经理**经营赢利的高尔夫球场或乡村俱乐部。加入"高尔夫球场赢利计划"，**高尔夫球场经理**将获得以下益处：

● 参加国际高尔夫球场买家团（通过加入买家团，高尔夫球场经理能够要求供应商提供更大的折扣）

● 获得所有品牌和型号的高尔夫球场维护设备高达50%的折扣（包括来自乔治的前雇主草皮和绿地公司的设备）

● 最先进的专业商店信息管理系统。

● 球场会员和营销软件。

● 赛事组织和管理系统。

● 维护专业知识和维护设施。

● 高尔夫球场设计和建设服务。

● 线上营销、传统营销及推广支持。

● 高尔夫教学能力。

● 财务服务，如专门为高尔夫球场管理而设计的保险和会计服务。

● 专门为高尔夫球场经理量身定做的数以百计的其他产品和服务。

为了经营业务，乔治只专注于两件事：发展与**高尔夫球场经理**的关系，为他们寻找新的独特价值。乔治拜访一个又一个球场，与高尔夫球场经理会面（为了获得会面机会，他为拜访的每一位高尔夫球场经理都提供了《高尔夫管理月刊》一年免费的订阅）。乔治采访他们，了解他们的需要，了解他们面临的问题，以及他们的目标。有了这些信息，他就可以打电话给他的供应商，或寻找新的供应商。关键点在于：乔治拨打销售电话时从不预设目标。他并不打算向潜在客户推销什么东西。他只是想尽力帮助他们。这种态度有助于乔治保持开放的心态，并释放出他的创造力。同样，这种态度也使他成为**高尔夫球场经理**的贵宾。他们希望与乔治交谈，因为他总能想出新的方法来帮助他们。

乔治不需要大量的员工、设备或运营费用。他平常工作用不到汽车。他有一台笔记本电脑和一部手机。在他的电脑上有一个数据库，记录了经理们在会面期间告诉他的一切。他还拥有一个高尔夫球场供应商的大数据库。此外，乔治还在开发一个名为"球场经理网络世界"的网站。该网站将把**高尔夫球场经理**与高尔夫球场供应商联系起来，乔治将充当中间人，因为他"拥有"与**高尔夫球场经理**的关系。

通过以客户类型而不是产品为起点开始所有的战略思维，乔治大大增加了他的机会。对乔治来说，世界变化得越来越快并不重要。乔治认为，变化越大越好。竞争加剧并不重要。供应商之间的价格竞争只会使乔治的增值服务在比较中变得更有价值。当然，即时通信技术也是乔治的业务关键。乔治可以利用电子邮件、网络和手机与他的客户和潜在客户保持密切联系。换句话说，乔治并不害怕21世纪的全球化现实，他因这些现实而兴旺。

情景 5：伊卡洛斯航空公司

伊卡洛斯航空公司（Icarus Airlines）在过去几年中遇到了很多动荡。随着航空业管制的放松和竞争的加剧，伊卡洛斯已经陷入商品陷阱。由于消费者使用网络来寻求最佳交易价格，机票价格一直在下降。因为旅客期望有更精致的机上服务，包括娱乐系统、更大的座位空间和商业设施，投资成本一直在增加。面临上升的成本和下降的价格，该公司的利润率大幅削减。

为了推动公司的发展，伊卡洛斯航空公司采用了关系优先公式。伊卡洛斯没有围绕其产品（航空航班）开展业务，而是决定围绕一个特定的客户类型开展业务：**高端商务旅行者**。伊卡洛斯将为**高端商务旅行者**提供数百种独特的价值组件。例如，伊卡洛斯将全程帮助公司总裁或首席执行官，以便获得一次成功的商务旅行。伊卡洛斯将做出所有的旅行安排：豪华轿车、航班和车辆租赁。如果需要，伊卡洛斯将提供一个经过全面培训的服务员来为顾客旅行提供帮助。伊卡洛斯的服务员将为客户打包行李，确认所有的安排，搬运行李，处理所有的入住手续，驾驶租来的汽车，并确保目的地酒店一切正常。伊卡洛斯还可以提供保镖、安全信息，以及绑架保险。此外，伊卡洛斯还拥有一队私人飞机，可供客户租用。

为了与**高端商务旅行者**建立关系，伊卡洛斯向所有首席执行官和总裁提供一次乘坐其私人飞机前往北美各地的免费航班。伊卡洛斯的服务员将会陪同潜在客户，并向他们解释"商务旅行者豪华计划"的详情。如果加入该计划，他们会得到一系列的好处。

● 一张伊卡洛斯钻石信用卡（自动拥有100万美元的信用额度）。

● 订阅《伊卡洛斯商务旅行者公报》（提供针对读者定制旅行和商务需求的信息）。

● 一部免费的卫星电话，以及一年的免费通话时间。

● 获得100多个机场中伊卡洛斯温泉和休闲设施的会员资格。

● 获得为广泛旅行的高端管理人员设计的独家高级保险产品。

● 世界各地500多个私人俱乐部的附属会员资格。

通过创建商务旅行者豪华计划，伊卡洛斯将自己从竞争激烈的商品陷阱中解救了出来。公司的客户没有兴趣比较其他供应商的价格，因为没有人提供伊卡洛斯所提供的豪华计划。伊卡洛斯可以收取市场所能承受的任何费用，而且在大多数情况下，客户从来不会仔细查看账单。客户只是高兴有人来处理他们所有的旅行需求，而不是只负责其中的一部分。他们进行商务旅行所面临的文件工作、麻烦和担忧大大减少。他们在参加商务会议前得到了休息和放松，最终，他们完成了更多的销售，赚到了更多的钱。

通过为**高端商务旅行者**提供独特价值，伊卡洛斯在市场上获得了与总裁和首席执行官们的主要关系。因此，伊卡洛斯通过在其杂志、网站和机上娱乐系统上出售广告而大赚特赚。伊卡洛斯在为高端会员预订其他航空公司的航班时也会获得一定的佣金。此外，它还从酒店、汽车租赁公司、保安公司、保险公司和其他供应商那里获得佣金。伊卡洛斯从客户那里赚了很多钱，其传统业务（航空飞行）只是提供这些其他产品和服务的理由而已。事实上，伊卡洛斯正在考虑让另一家公司来管理自己的航空公司，而它则专注于为**高端商务旅行者**提供独特价值。

情景 6：威斯维克供暖和空调公司

威斯维克供暖和空调公司（VIXVAC Heating & Air-Conditioning）是一家非常成功的商业供暖和空调设备制造商。威斯维克有 5 个制造厂，3000 名员工，在世界各地有数千名客户。虽然近几年的业务一直不错，但威斯维克总裁巴特·法林菲尔德（Bart Faringfield）希望进一步发展业务。他曾想过开发新的供暖和空调设备，或者考虑拓展亚洲市场，但他不太确定是否应该这样做。现有产品的利润率很低，而开发新技术的成本很高。同样，随着新制造商的进入，海外市场的竞争也在不断加剧。幸运的是，法林菲尔德有良好的意识，阅读了本书 2000 年的版本，并意识到他应该放弃过时的产品中心思维，发展一个能在 21 世纪蓬勃发展的公司。

法林菲尔德首先分析了现有市场。他很快意识到，公司最重要的客户是从事商业建筑项目的**咨询工程师**。这些工程师为项目选择供暖和空调设备。在大多数情况下，他们都会寻找最低价格，因为他们认为所有的供暖、通风和空调（HVAC）设备都是一样的。他们不在乎从哪个公司购买暖通空调设备，只要价格最低就好。

法林菲尔德意识到他必须与**咨询工程师**建立更优质的关系来发展业务。他意识到，如果威斯维克希望摆脱商品陷阱，就必须增加向这些人提供的独特价值的数量。为此，法林菲尔德创建了"暖通空调设备选择器计划"，旨在帮助**咨询工程师**更容易、更好地完成工作。该计划包括以下价值组件。

● 暖通空调设备选择器软件，使**咨询工程师**能够在几分钟内完成暖通空调项目的设计，而不是几个小时。

● 暖通空调设备选择器系列的研讨会、视频、光盘、网站、书籍和报告。

● 暖通空调设备选择器报告，提供与**咨询工程师**相关的暖通空调行业的最新信息。

● 通过威斯维克赞助的网站，"暖通空调设备选择器在线网络"，可直接获得数百种暖通空调设备相关产品和服务。

为了推广该计划，法林菲尔德在**咨询工程师**喜爱的行业出版物和网站上刊登广告并撰写文章。直邮包裹被寄送给世界各地的 20,000 多名工程师。此外，威斯维克还赞助了在艾奥瓦州得梅因举行的国际**咨询工程师**会议。为了吸引**咨询工程师**，威斯维克向他们提供了一份免费的暖通空调设备选择器软件，以及免费访问一个包含5000多篇暖通空调设备技术论文的数据库的权限。当潜在客户参加该计划时，威斯维克会派遣一名顾问与**咨询工程师**会面。在第一次会面中，威斯维克顾问会帮助**咨询工程师**使用免费软件制定暖通空调设备项目的规格。顾问还会向**咨询工程师**展示如何从威斯维克网站获得最大价值。

在暖通空调设备产品方面，威斯维克也取得了重大突破。威斯维克没有推销具体的型号和装置，而是将其所有产品拆分为组件。**咨询工程师**现在可以登录威斯维克网站，组装符合其定制规格的暖通空调设备。然后，这些独特的装置会由威斯维克快速拼装，并在几天内发货。因此，威斯维克能够再次为客户提供独特价值。

采用关系优先公式也帮助威斯维克将其信息系统统一起来。在采用产品优先公式时，威斯维克对其信息系统没有一个明确的构想。工程和制造部门使用自己的软件。会计部门有自己的系统，市场部门也是如此。事实上，该公司有30多个不同的软件平台。难怪威斯维克的每个人都感到沮丧。他们花了太多的时间将信息在系统间转移。结果就是，信息丢失，或变得不准确，客户服务受到影响。

然而，采用关系优先公式，如何开发信息系统就变得非常清楚。该系统是围绕其客户，而不是围绕其产品开发的。所有的数据库都是在同一个平台上创建的，因此信息可以在整个公司的所有部门共享。新的信息系统使威斯维克的员工能够将更多的时间用于提供价值和创造价值。这也为他们提供了更多关于客户的信息，并使他们能够在客户有问题时做出快速反应。此外，信息系统还使**咨询工程师**能够通过网络与威斯维克针对一个暖通空调设备项目展开全程合作。

采用关系优先公式增加了威斯维克公司出售给**咨询工程师**的设备数量。此前，威斯维克公司的设备只占到了订单的约 15%，现在威斯维克公司的设备比例约为 40%。

咨询工程师们更多地选择威斯维克，因为他们看到了该公司与其他暖通空调供应商之间的明显区别。此外，他们喜欢与威斯维克合作，因为它的员工非常乐于助人，而且很容易通过网络获得人工服务。

的确，威斯维克在 21 世纪有一个美好的未来。无论技术如何变化，威斯维克将继续建立与**咨询工程师**的关系。无论有多少竞争者进入市场，威斯维克总是可以在其独特价值中增加更多的组件，从而使自己脱颖而出。而且，无论未来出现什么样的即时通信技术，威斯维克都能利用它与**咨询工程师**进行更有效的沟通。

进行转变

正如本章所介绍的情景所示，将你的公司转变为关系优先企业首先需要改变观念：从关注你的产品和服务转变为关注特定类型的客户。在大多数情况下，你选择的客户类型就是你已经在服务的客户类型。这样，你就不必建立一个全新的公司。你将从客户类型开始战略思维，然后向后延伸到具体的产品和服务（我们称为价值组件）。通过这种方式，你可以更好地评估现有产品和服务为客户提供的价值，并更容易看到需要对现有产品进行哪些改进，以及需要引进哪些新产品。你所要做的就是彻底转换观念。

当然，建立一个关系优先企业需要的不仅仅是改变

观念。在下一章中，我将逐步讲解如何将你的公司从一个
19 世纪的不合时宜者转变为一个准备在 21 世纪蓬勃发展
的关系优先企业。

第七章

转变

"此外，我们甚至不必独自冒险，因为历代的英雄都在我们前面走过。迷宫被完全剖析。我们只需跟随英雄的路径，在以为会发现丑恶的地方，我们将找到神……在以为孤独的地方，我们将与整个世界连在一起。"

——约瑟夫·坎贝尔（Joseph Campbell）

《神话的力量》（*The Power of Myth*）

为了将企业转变为关系优先企业，你开始了一场英雄冒险。你放弃了过去的安全，在一个新的方向上出击。但不要害怕。正如约瑟夫·坎贝尔所说，迷宫被完全剖析。你之前的许多人在面对全球变化时都改变了他们的业务。19 世纪初的人们不得不适应工业革命的新规定。他们不得不改变业务方式。他们不得不改变自己的范式。而经过大量的试验和教训，毫无疑问，他们成功了。因此，当进入变革的迷宫时，只要沿着他们的路线走下去，你也会在21世纪找到公司的真正使命。

转变为关系优先企业实际上是一个简单明了的渐进过程。首先你要组建一个由公司内部和外部人员组成的策略团队。然后选择一种类型的客户。你要弄清楚为他们提供哪些独特的价值组件。你需要制定一个宣传理念，明确传递所提供的益处。你要决定用什么免费价值来吸引符合你的客户类型特征的潜在客户。同时你要精心编写用于沟通的统一信息，建立一个一致的图形标识。你建立一个以人员数据库为中心的信息系统来存储客户和潜在客户的信息。你需要开发可以快速拼装价值组件的系统。通过数字媒体和传统媒体宣传你的公司。而且你要培养与客户的长期优质关系。

这就是全部。你不需要拥有哈佛大学的工商管理硕士学位的专门人才来对公司进行改造。事实上，大多数工商管理硕士应该把他们的学术废话放在一边，采取这些基本步骤。这将为大家节省大量的时间和金钱。因此不要因为这个过程很简单就被吓到。我花了 25 年时间，将所有复杂的工作简单化。我为 4000 多家公司制定过策略和系统，这些经验让我知道什么是有效的，什么是无效的。因此不要跳过任何一个步骤。按照顺序进行。

战略步骤 1：创建你的关系优先团队

为了制定有效的策略，建立统一的系统，创建一个关系优先团队。团队将共同选择你的客户类型，确定价值组件，开发可控型促销理念。该团队还将设计并开发示范系统（如数据库或网站系统）。关系优先团队的成员可以来自公司内部或外部。理想情况下，你公司的每个主要部门都应该在团队中有一席之地。如果你有重视的顾问和供应商，也可以让他们加入团队（记住：关系优先企业不会试图自己完成所有事情。它一直在寻求外界的帮助）。一般来说，团队应该由 8~12 人组成。

为了保持团队的完整性和积极性，以下条件应得到满足。

● 每个成员都参与策略和系统的制定。

● 每个成员都对实施新策略和建立新系统所需的行动负责。

● 在每次会议结束时计划并确定进展和行动会议的日期。

● 这些进展和行动会议在预定的时间和日期举行（不被任意推迟或取消）。

● 在每次进展和行动会议上都会对进展情况进行确认和祝贺。

● 每个团队成员对每次会议的进一步行动负责。

四项策略原则：为了使关系优先团队长期凝聚在一起，每个人都必须认同这四项基本原则。

1. 我们必须围绕客户而不是产品和服务建立业务。我们必须以特定的客户类型为起点开启所有的战略思维。

2. 我们必须给出价值来开始新的关系。

3. 我们必须定期抽出时间来规划更好的策略，建立更好的系统。

4. 只有当新的策略和系统有助于我们与客户建立优质关系，提高我们创造和提供独特价值的能力时，我们才会实施这些策略和系统。

如果团队中的每个人都接受这些原则，你的公司将很快成为一个关系优先企业。

创建关系优先团队的三个关键点

1. 关系优先团队可以有来自公司内部和外部的代表。每个主要部门都应该在团队中有自己的代表。

2. 团队一起计划新的策略并建立新的系统。为了保持动力，增加积极性，关系优先团队应不断定期举行会议。

3. 为了使团队取得进步，每个成员都必须认同四项策略原则。

战略步骤 2：选择你的客户类型

对于关系优先团队来说，第一个也是最重要的任务就是选择客户类型。这一决定将决定你的公司在未来几年的发展方向。所以你要谨慎选择，不要急于做出决定。在你做出决定之前，看看所有可能的客户类型。

要选择你的客户类型，请列出你目前服务的所有不同市场，或你想服务的新市场。你可能只能确定几个客户类型，也可能会确定更多的类型。确定完成后，对每一个类型进行优先排序。问问自己："如果我们只能有一种客户类型，我们会选择哪一种呢？如果我们不得不放弃一个客户类型，我们会舍弃哪一个？"对客户类型进行列表，直到你将各类型从最好到最差完成优先排序。例如，假设你拥有一家印刷公司。你的八个客户类型的列表可能看起来像这样。

1. **协会**

2. **设计机构**

3. **小企业**

4. **银行**

5. **政府部门**

6. **保险公司**

7. **广告公司**

8. **制造商**

通过这个练习，你可以决定选择**协会**作为客户类型。你意识到你的印刷公司非常适合为**协会**创造和提供独特价值。你有能力完成通信、会员材料、网站、会员邮件以及**协会**要求的其他产品和服务。选择**协会**是一个好的开始，但你需要进一步推进。为了反映关系优先公式的精神，你的客户类型必须是一类人群，而不是一种公司或组织。因此，你需要更清楚地定义客户类型。你的客户类型实际上不是**协会**，而是**协会经理**。他们才是将要购买你的服务，并开出支票的人。

选择了第一个**客户类型**后，你可能想关注名单上的其他客户类型。你可能会问："但设计公司、小企业和银行怎么办？要放弃多年来使我们赚到钱的客户吗？我们是否只关注**协会经理**？"要回答这些问题，你必须评估市场的规模，以及你的核心能力。你能围绕**协会经理**建立一个完整的业务吗？市场是否足够大，或利润足够多？如果答案是肯定的，你可以决定只关注**协会经理**。如果市场太小，你可以决定为两种客户类型提供服务：**协会经理**，以及设计公司的**印刷生产经理**。然而，如果选择了两个或更多的客户类型，你必须把它们当作两个完全独立的业务。这意味着你将为每个客户类型开发独特的价值组件，并创建完全独立的可控型促销理念。

如果你的企业属于小型企业，最好专注一个客户类型，你的资源不足以处理一个以上的市场。如果你在一家大公司工作，比如世界500强企业，你可以发展几十种，甚至几百种客户类型。你拥有小企业所没有的资源。但无论如何，无论你的公司有多大，或者二级市场看起来有多诱人，我建议你在开始这个过程时只选择一种客户类型进行转变。一旦发展了关系优先技能，你就可以把它们应用到想要的许多不同的客户类型中。

当你选择了客户类型后，需要进行市场条件评估。另一家公司是否已经拥有与你所选择的客户类型的关系？如果是这样，你要么选择另一个，要么变得更加细化。例如，你可以选择**计算机用户**作为客户类型。在对市场进行研究后，你可能会意识到很多公司都将**计算机用户**作为目标。你可能需要变得更加细化。与其试图与世界上所有的**计算机用户**发展关系，不如把注意力放在苹果电脑用户身上。你将为他们提供专门知识，以及满足苹果电脑用户独特需求的具体产品和服务。通过这种方式，你可以将注意力集中在一个非常具体的市场上。事实上，客户类型越细分，你的公司就可能越专注、越成功。

一旦选择了客户类型，你就开始了成为一个关系优先企业的过程。将客户类型，而不是产品和服务作为战略思维的起点，你会立即注意到公司的不同。

你将开始讨论如何增加提供给这类客户的独特价值。你将更容易地识别潜在客户，而且你会对公司的未来发展方向有一个更清晰的概念。

选择客户类型的三个关键点

1.选择客户类型是你最重要的战略决定。

2.你的客户类型应该是一类人，而不是一类公司（例如：是**协会经理**，而不是**协会**）。

3.客户类型越细化，你成功的机会就越大（例如，是**苹果电脑用户**，而不是**计算机用户**）。

战略步骤 3：列出你的价值组件

作为一个关系优先企业，如果能够为你的客户类型提供源源不断的独特价值，你的公司将在 21 世纪蓬勃发展。你将通过向客户提供越来越多的价值组件来提供这种独特价值。你的客户会把这些价值组件拼装成独特的组合，从而满足他们的个人需求和兴趣。那么，下一步就是列出可以为你的客户类型提供的价值组件。

例如，我们假设你是一个纪录片和电视制作人。在过去，你以产品为中心，曾经制作了有关 20 世纪重大事件的纪录片。你想成为一个关系优先企业，所以你选择 **20 世纪历史爱好者**作为客户类型。你需要列出能够吸引 20 世纪历史爱好者的价值组件，比如以下内容。

1. 电子新闻报道（电视和广播）

2. 历史影片

3. 采访（电视和广播）

4. 报纸和杂志文章

5. 照片

6. 历史书籍

7. 20 世纪的历史学家和专家

8. 研究和分析论文

9. 历史遗迹

10. 博物馆和 20 世纪的藏品

正如你所看到的，所有这些价值组件对 **20 世纪历史爱好者**来说都很有趣。而这只是一部分。你可以在想到或发现时不断添加新组件，而且你永远不会耗尽想法。同样，你也不会缺少把这些组件组合在一起的方法。你可以把它们组合成以下内容。

1. 一个以网络和光盘为载体的关于 20 世纪的多媒体数据库。

2. 关于 20 世纪的纪录片、电影和电视节目。

3. 定制的关于 20 世纪的百科全书和教科书。

4. 历史旅游咨询服务（以几十种不同的方式提供）。

5. 一些以 20 世纪为主题的演讲者。

正如你所看到的，通过选择一个客户类型，并根据组件列出独特价值，你（纪录片制作人）现在能够创造更多的产品和服务。而这也是这个过程的另一个讽刺之处。通过以一种客户类型作为开端，你实际上最终有能力创建更多的产品。

因此，现在启程，并写下可以为你的客户类型提供独特价值的所有不同组件。先写下你现有的产品和服务，然后再行增加。不要犹豫，加入你目前没有能力提供的东西，其他公司或组织能够为你生产。

充分让你的创造力流动起来。作为一个关系优先企业，你不应被有限的产品和服务所束缚。你要问自己，"什么会让我的客户感到兴奋、欢乐、有趣、满足、有所帮助、获得提升、更加自主？"此外，请记住这只是开始。当你更好地了解客户类型时，你就会发现有无数的价值组件可以为他们服务。你的想法很可能永远都不会耗尽。

列好清单后，勾选你已经创造并交付给客户的组件。然后选择你接下来想提供的其他组件。请牢记这一点：你不需要从开始就创建数百个新的价值组件。你可以仅从现在能提供的价值组件开始。或者你一开始可能只提供一个组件。这不重要，把你所有的产品和服务看作是组件才是最重要的。

例如，我们的纪录片制作人可以查看他现有的电影库，并将内容分成不同场景、事件和故事的更小组件。他没有把每部电影看作一个独立的实体（产品），而是把每部电影看成是不同组件的一种特殊拼装方式。这种观点（把你的产品和服务看作由较小的构成组件拼装而成）将帮助你在公司中发展更灵活的信息、营销和装配系统。

这一步完成后，你应该创建了一个包含可以提供给客户的价值组件的综合清单。而且你应该已经选择了你想最初创建并交付给客户的价值组件。同样，你也应该努力将现有产品和服务拆分为构件。

列出价值组件的三个关键点

1. 列出可能吸引你的客户类型的所有产品和服务（价值组件）。

2. 不要把自己限制在只有你能生产的价值组件上。供应商和战略伙伴可以提供其他的价值组件。

3. 将你的产品和服务拆分为组件。这将使你能够更好地满足个人客户的独特需求。

战略步骤 4：开发你的可控型促销理念

为了吸引符合客户类型的潜在客户，你必须给出一个定义明确的、统一的促销理念。我将这种促销理念称为可控型促销理念，它将帮助你从竞争中脱颖而出，并使你的所有营销活动变得井然有序。例如，假设你选择**牙医**作为客户类型。为了将牙医吸引到公司，你开发了一个名为"牙医支持网络"的可控型促销理念。牙医支持网络是一个帮助牙医获得成功的计划。如果加入网络，他们可以获得数百种不同的价值组件，包括以下内容。

1. **可以与其他牙医进行讨论的在线论坛。**

2. 可查阅数以千计的牙科研究论文。

3. 牙医设备、计算机硬件与软件、保险、旅行与会议的折扣。

4. 一个回答牙医管理问题的在线咨询委员会。

5. 几十种对牙医有用的其他产品和服务。

为了鼓励潜在的**牙医**进一步了解牙医支持网络，他们可以免费订阅牙医支持杂志，并有机会赢得价值 10 万美元的视频牙科系统。要获得免费杂志，他们只需访问牙医支持网络网站并填写会员申请表。当他们来到这个网站，很快就发现了这个网络所能提供的巨大收益，并不断重新访问。

创建一个如牙医支持网络这类可控型促销理念是很重要的，原因有很多。第一，这一概念使你的营销方案具有统一性。你所有的营销工具，包括广告、宣传册、新闻稿、直邮、销售信函、通信、网站和电子邮件等，都传达相同的信息和益处。第二，这一概念使你的潜在客户和客户更容易理解你所提供的价值，以及这一概念将如何使他们受益。他们将看到的不是混乱的大量不同的信息、产品和服务，而是一个统一的方案。第三，一个可控型促销理念可以保护你免受极速变化的影响。无论出现什么技术，或者新的消费者口味，你都可以用同一个方案来包装你的独特价值。10 年、20 年、30 年或更长时间，你都可以使用这个概念。

为了发展你的可控型促销理念，请完成下列工作。

1. 想出一个名称，以确定客户类型和理念的主要价值。

2. 确定该理念将为你的客户类型提供的三个主要价值。

3. 将可控型促销理念应用于你所有的营销工具。

4. 无论对你所提供的独特价值作何改变，都要计划对可控型促销理念进行长期使用。

5. 如果你有多个客户类型，为每个类型创建一个不同的可控型促销理念。

开发可控型促销理念的三个关键点

1. 一个可控型促销理念可以帮助你在竞争中脱颖而出，并使你的所有营销活动变得井然有序。

2. 一个可控型促销理念可以帮助你清楚地传达为你的客户类型所提供的益处。

3. 一个可控型促销理念是面向未来的，因为无论技术、市场或你的公司发生什么变化，你都可以常年使用它。

战略步骤 5：确定要给出的免费价值

关系优先企业并不试图穿过潜在客户设置的无形障碍，而是赠送价值来吸引新的潜在客户。关系优先企业必须给潜在客户一些免费的东西来与他们开始新的关系。这种免费价值可以有很多形式——免费的研讨会、书籍、建议、会员资格、手机、旅行、计算机，或者只是现金。关键点在于：在进行推销之前，你必须免费赠送这种价值。否则，潜在客户就会流失。

在我的业务中，我们为潜在客户提供免费的大创意启动会议。我们不做推销，而是与潜在客户会面，帮助他们对大创意进行开发和包装。即使他们不再与我们进一步交流，潜在客户也会得到一些帮助。

当然，在给他们免费价值之前，我们要非常仔细地对潜在客户进行资格审查。我们会先问他们很多问题，确保他们符合我们的客户类型。我们要确定他们是否下决心改善其策略和系统。换言之，我们不会把这种免费价值随便赠送给每一个出现的人。而且我们确实期望得到一些回报。潜在客户需要和我们一起待上 90 分钟。重要的是：当我们找到一个合格的潜在客户时，免费价值让我们能够走到他的面前。这使我们有机会开始与潜在客户建立关系。

因此，你首先要弄清楚什么类型的免费价值会吸引到符合类型的潜在客户。你可以送出价值很低的东西，也可以送出相当昂贵的东西，无论是时间还是金钱，但不要吝啬。你可能不会得到想要的结果。同样，也不要自欺欺人。不要进行一文不值的推销或分发免费的宣传册。开始站在你的客户类型的角度思考。想一想他们的需求，而不是你想要什么。

确定要给出的免费价值的三个关键点

1. 为了吸引潜在客户，你必须首先送出免费价值。

2. 免费价值可以有很多形式，如免费的研讨会、书籍、建议、会员资格、手机、旅行、电脑，甚至是现金。

3. 你免费赠送的价值越大，吸引的潜在客户就越多。

战略步骤 6：拟定统一信息

一旦你创建了可控型促销理念，并确定了将要赠送的免费价值，就要开始创作演示文稿、宣传册、网站、电子邮件、广告、宣传和直邮等工具与客户进行沟通。然而，作为一个关系优先企业，很重要的一点就是要统一所传递的信息。你所有的沟通工具都必须讲述同一个故事。你必须采用相同的词汇、相同的术语以及相同的图像。

为什么统一所要传递的信息很重要？统一的信息可以让外界知晓你是一个组织良好、专业且专注的公司。统一信息还能帮助客户和潜在客户迅速了解你提供的独特价值，这是销售和营销过程中的第一个难关。

为了实现高度一致的沟通，你的核心信息必须来自同一来源。我把这份核心来源文件称为"最终文件"。为了编写最终文件，你需要请人采访你和团队成员形成文章的初稿，并将其提交给你和团队。你们需要共同探讨并且提出对文章的任何意见或不同观点。决定最能代表公司风格和独特性质的确切词汇和短语。通过写作、编辑和修改，你才能完成终稿——《最终文件》。

《最终文件》就是你公司营销项目的纲要。在编写宣传册或网站内容时，只需要参考这份文件。这不但加快了进程，还帮助你避免了时间和金钱的浪费。同样，如果你的业务发生变化，你只需相应地对《最终文件》进行编辑，然后对现有的营销材料进行修改。

拟定统一信息的三个关键点

1.为了展示出一个专业的形象，关系优先企业在其所有的交流沟通中所传达的信息都是一致的。

2.为了拟定统一信息，你需要在制定其他营销工具（如宣传册和网站）之前，完成一份名为《最终文件》的文件。

3.完成后，《最终文件》将成为公司营销项目的纲要。所有沟通都要体现《最终文件》的内容。

战略步骤 7：设立你的图形标识

关系优先企业向其客户类型展示统一的图形标识。企业的所有通信工具，如名片、信笺抬头、宣传册、广告和网站等，看起来都同出一源。它们采用相同的图案、颜色、字体和布局。

为了实现图形标识的统一，需要采用"风格控制指南"。这个指南是一份合集，其中包含了你所使用的每一个通信工具的样本，包括传真封面形式、数据库屏幕打印件、演示文稿模板，以及其他任何客户、供应商和员工可以看到的部分。把这些文件放在一起，以便检查它们是否一致。然后，你可以对通信工具进行调整，使它们统一起来。

在你的团队中安排一个人负责对风格控制指南进行整合，让他成为风格控制指南的管理者。这个人将与图形设计师合作，制定风格控制指南的规则，使你的所有通信工具都符合标准。一旦标准制定完成，将其告知公司里的每个人。你还可以创建标准模板，从而使人们可以快速创建符合风格控制指南标准的新通信工具。

与《最终文件》一样，风格控制指南也是一份核心来源文件。它使关系优先企业在具有更大的灵活性的同时仍然保持着一致性。

设立图形标识的三个关键点

1. 所有通信工具，如名片、信笺抬头、宣传册、广告和网站，必须使用相同的图案、颜色、字体和布局。

2. 为了使图形标识达成一致，创建一个包含所有通信工具样本的合集，这被称为风格控制指南合集。

3. 为所有通信工具的标准图案、颜色、字体和布局创建风格控制指南规则。

战略步骤 8：建立你的人员数据库

在关系优先企业中，所有的信息和计算机系统都是围绕客户而不是产品或服务而设计的。因此，你需要创建的第一个能力就是人员数据库。其中包含你所有客户和潜在客户的名字。你将围绕这个数据库建立其他的数据库和通信工具。

开始阶段，你需要选择一个数据库软件。在这一点上，选择哪种软件其实并不重要，但我确实建议你使用通用的数据库软件，而不是某种预先配置的联系人管理器或销售自动化工具。通用的数据库软件会带来更高的灵活度，如果有需要，你可以在以后更加便捷地将信息转移到另一个平台。如果你已经有一个或多个客户数据库，你就必须把它们汇集到一起，组成一个集中数据库（这是一个关键原则：你必须只有一个人员数据库，而不是几个分散在整个组织中的数据库）。同时，你需要将名片信息输入数据库，清理重复的信息，纠正错误，并填补缺失的数据。这是一项大工程，可是一旦完成，你将拥有一个准确的最新中心人员数据库。你也会为建立一个以你的客户和潜在客户为中心的综合信息系统做好准备。

建立人员数据库的三个关键点

1. 在关系优先企业中，所有的信息和计算机系统都是围绕客户而不是产品或服务而设计的。

2. 信息系统中心必须是人员数据库。

3. 必须只有一个人员数据库，而不是几个分散在整个组织中的数据库。

战略步骤 9：整合你的信息系统

要使你的公司成为一个关系优先企业，组织中的每个人都必须能够方便快捷地分享和交流信息。因此你需要一个信息系统，允许你把大部分时间用于创造和提供独特价值，并减少花在低价值活动上的时间。你需要一个系统来提升创造力，并帮助培养与客户的优质关系。你还需要一个能让你和客户快速拼装价值组件的系统。这个系统将在你的组织中扮演着大脑和中枢神经系统的角色。

我知道，只有拥有一个综合信息系统时，你才能发挥这种能力。我所说的"综合"，是指一个在单一平台上运行，能够在一个集中的位置上获得公司所有信息的系统。令我惊讶的是，我发现很少有公司拥有一个综合系统。当进行战略系统调研时，我通常会发现公司的系统是分散的。信息分散在整个组织的不同数据库中，而这些数据库往往运行在不同的平台上，所有的员工都很失望，因为他们无法将信息从一个平台转移到另一个平台。由于他们的系统是零散的，这些公司浪费了大量的时间和金钱，并错过了很多机会。

这就是我建议你和你的团队计划并建立综合信息系统的原因。要做到这一点，需要遵守这些原则。

以你的客户为中心

让我再次强调，系统的中央数据库应该包括你公司所有相关人员：客户、供应商、员工、战略伙伴和其他所有人。我们将其称为你的人员数据库。

先考虑愿景再考虑你的技术

你的愿景应该决定你所需的技术类型，而不是让你的技术决定你的愿景。先考虑理想系统模型，然后选择能让你实现这一模型的技术。

作为一个团队共同工作

你的团队应该共同为信息技术顾问和内部专业人员提供指导。不要让你的信息技术顾问陷入困境。给他们指明方向。

只使用一个软件平台

一旦对数据库平台做出了选择，公司使用的所有信息（在最大程度上）都应该在该平台上储存和使用。

避免专有系统

尽管许多专有系统（如销售联系人管理软件）设计得很好，还加载了成千上万的功能，但它们不一定能满足组织的长期战略需求。它们往往要求你用长期业务增长来换取短期的生产力上升。

将每类信息存储在自己单独的数据库文件中

每类信息（如你的产品列表或通信列表）都应该存储在自身单独的资料库中。例如，你不应该为住在纽约的人建立单独的数据库，而为住在洛杉矶的人建立另一个数据库。他们都应该存储在你的中央人员数据库中。

使用数据库来管理公司的所有主要活动

为了使灵活性和生产力达到最高，使用数据库来组织你公司包括调度、归档、计费、促销、库存管理和团队工作在内的所有活动。

成为一个创造者，而不是一个使用者

随着技术的进步，普通人能够更容易地建立和管理大多数数据库系统。新数据库、新报告或新数据库联系的建立不再需要计算机专家。因此，重要的是，你的公司要培养员工信心，让他们自己承担这些任务。

令人惊讶的是，有许多公司在没有计划的情况下就建立了信息系统。就像建房子时没有先让建筑师绘制蓝图。这就是他们的系统如此零散的原因。他们没有先考虑理想系统模型。他们在没有明确方向的情况下就开始了建设。不要犯同样的错误。在建立一个信息系统之前，进行团队合作，共同创建一个理想系统模型。

整合信息系统的三个关键点

1. 为了创建一个关系优先企业，必须有一个围绕人员数据库建立的综合信息系统。

2. 一个综合系统将增加可以用来创造和提供独特价值的时间，减少花在低价值活动上的时间。

3. 在选择软件和开始建立系统之前，创建理想系统模型。

战略步骤 10：开发互动交流工具

为了建立一个关系优先企业，你必须能够与客户轻松沟通。你必须能够利用电话、电子邮件、传真或网络，或通过传统的手段，如印刷品或邮件和个人一对一的接触，创造并向客户提供有价值的信息。

关键点在于：你必须使用客户选择的媒介与他们沟通，而不是用你认为最方便或最经济的方式。如果你的客户想通过网络与你打交道，你就需要开发互动式网站。如果他们想和你当面打交道，你必须和他们面对面交流。如果想满足所有客户的独特需求，你必须发展在大多数媒介上进行有效沟通的能力。如果你想利用多种媒介进行互动交流，优先开发一个综合信息系统就是至关重要的。这样一个系统将使你有能力通过电子邮件、网络或彩色激光打印机快速整理和输出信息。最好把信息或数据库系统想象成大脑。诸如网络和电子邮件等通信工具是嘴和声音，如果大脑是强大、有组织的，从口中出来的就是高质量的内容。如果系统是零散的、无序的，那么从口中出来的就只有胡言乱语。

还有一点很重要，你的信息和通信系统要让你有能力进行大规模但个性化的沟通。换言之，你需要能够快速发送大量的信息，而且这些信息要对每个客户或潜在客户来说都是独一无二的。信息和通信系统应该能够（花费最少的精力）做到以下事情。

● 发出个人信件、传真和电子邮件。

● 以印刷品和电子邮件形式大量发送个性化邮件。

● 支持每个客户的个人网页。

● 编写印刷版本、电子邮件版本或网络版本的定制产品手册和销售单。

● 为客户提供公司所有行政职能的电子表格。

● 以各种方式从你的客户和潜在客户那里收集研究数据。

随着我们进入 21 世纪，许多新的通信工具将被引入，如智能手机、无线设备和社交媒体。作为一个关系优先企业，你的公司将根据客户需求对这些新能力进行开发。

开发互动交流工具的三个关键点

1. 为了建立一个关系优先企业，你必须能够与客户轻松沟通。

2. 你必须能够利用电话、电子邮件、传真或网络，或通过传统的手段，如印刷品或邮件和个人一对一接触，创造并向你的客户提供有价值的信息。

3. 你必须使用客户选择的媒介与他们沟通，而不是用你认为最方便或最经济的方式。

战略步骤 11：启动你的可控型促销理念

完成了前十个步骤，你就做好了推广公司的准备。此时你需要向客户传达能够提供的免费价值，以及一些关于独特价值的初步信息。要做到这一点，你可以采用许多积极主动的营销工具和方法。

● 在广告牌、广播、电视、杂志和网站上做广告。

● 通信和邮件。

- 媒体宣传。

- 赞助活动。

- 电子邮件和传真。

- 网络和战略伙伴关系。

- 其他几十种主动型媒体和渠道。

正如我所说，你的目标是让客户类型意识到你的可控型促销理念和你所提供的免费价值。因为已经选择了一个独特的客户类型，所以选择合适的渠道来对你的公司进行推广就容易多了。例如，假设你选择了**抓虫员**作为客户类型。你的捉虫人公司（Worm Picker People）可为**抓虫员**提供"全球抓虫员计划"。为了让他们加入该计划，你向他们提供免费的电子探虫器，并为他们提供赢得澳大利亚邓希尔（Dunghill）世界抓虫员展会双人游的机会。

为了推广计划，你在《捉虫世界》（*Worm Picker World*）杂志上刊登广告，为《捉虫杂志》（*Worm Picker Journal*）撰写文章，并在脸书（Facebook）上赞助了一个抓虫员论坛。你还利用从抓虫员联合会（Worm Picker Federation）购买的邮寄名单，直接发送邮件。这项活动几乎覆盖了世界上所有的抓虫员。听说你的计划和免费优惠后，成千上万的抓虫员访问了你的网站。每当有人填写一份表格来申请加入这个计划，有关他们的信息就会立即输入你的数据库。现在你已经有了众多抓虫员的详细信息。你现在可以创建与你的独特价值组件——抓虫设备、衣服、帽灯、视频、书籍、虫类市场数据等相关的定制邮件和印刷品组合了。你的活动在几个月内就取得了巨大的成功。你现在拥有了与抓虫员的关系。你用自己的方式吸引到了他们。你甚至已经成为抓虫员基金会（Worm Picker Foundation）的一名荣誉会员。

像捉虫人公司一样，你必须采取这些步骤来启动你的可控型促销理念。

● 找到你的客户类型所使用的媒体——报纸、杂志、广播和电视节目。

● 确定你的客户类型经常参加的社区活动和协会。

● 寻找那些同样向你的客户类型进行推销或者可以引导你找到目标客户的战略伙伴。

● 获得符合客户类型人群或者可以引导你找到目标客户的人群的邮件列表。

● 找到所有你的客户类型经常浏览的网站、社交媒体和其他在线场所。

● 制作与可控型促销理念相关的促销文案、广告和媒体信息。

● 在合适的媒体上开展宣传活动。

根据客户类型，你可能只需要使用这些方法中的一个或两个就可以接触到潜在客户。你可以通过做演讲或经过同事的介绍来认识他们。你可能已经从现有的业务中认识了其中许多人。通过确定明确的客户类型，在任何情况下你都能够集中营销资源，从而更容易将高质量的潜在客户吸引到公司。

启动可控型促销理念的三个关键点

1. 你的目标是向客户类型传达能够提供的免费价值，从而与他们建立关系。

2. 为了与客户类型沟通，你必须采用积极主动的营销工具和方法。

3. 因为已经选择了一个独特的客户类型，所以选择合适的渠道来对你的公司进行推广就容易多了。

战略步骤 12：培养长期的优质关系

关系优先企业的目标是通过向特定类型的客户提供源源不断的独特价值来发展优质关系。一旦你吸引到了一个高质量客户，这种关系就必须发展和持续下去。为了培养长期的优质关系，你必须向客户表明对光顾的感谢。

● 持续进行定期沟通。

● 把每个客户作为个体来对待。

● 不断增加新的价值，使你的客户感兴趣。

● 用特别计划奖励长期客户。

● 尊重他们的隐私（没有获得允许，不要出卖你掌握的与他们有关的信息）。

● 倾听他们的意见，征求反馈意见，并根据反馈意见采取行动。

● 在期望得到回报之前，始终提供价值。

● 记住，是客户控制着关系，而不是你。

培养长期的优质关系是一门艺术，也是一种技能。这就是我如此重视人员数据库的原因。这个数据库是组织的集体记忆。它包含了你对客户的一切认知。你知道的越多，在数据库中的记录就越多，你能为他们做的就越多，你能创造和提供的独特价值也越多。这就是你还需要使用各种媒介与客户沟通的原因。你的沟通越容易，你与客户的关系就越好。

培养长期的优质关系的三个关键点

1. 为了培养长期的优质关系，你必须对客户的光顾表示感谢，并持续地进行定期沟通。

2. 人员数据库是组织的集体记忆。它包含了你对客户的一切认知。

3. 对于客户你知道的越多，在数据库中的记录就越多，你能给他们创造和提供的独特价值就越多。

英雄的旅程，继续

完成这十二个步骤后，你的公司将成为一个关系优先企业。你将完成英雄的旅程。但这仅仅是个开始。作为关系优先的企业家，还有许多其他冒险在等待着你和你的团队。你需要一直寻找改善业务的新方法。你需要一直寻找为客户提供更多独特价值的新方法。而且你还要一直寻找新客户。这就是关系优先企业的魅力所在。摆在你面前的只有成长和机会。请尽情体验。

后 记

在 21 世纪，伴随着极速变化、竞争加剧和即时通信的经济时代到来，商业世界将会变得面目全非。将目光向未来延伸并推测可能发生的情况可以帮助理解这些变化所带来的影响。因此，让我们把目光投向 2050 年，从未来消费者的角度看一下三个可能发生的故事。

生活点

2050 年 4 月 9 日，奈克瑟斯高地（Nexus Uplands），城邦联盟（The Federation of City States）。

塔玛林·星（Tamarine Star）非常高兴。陶（Tao），

他的纳米哨兵，给他转发了一条来自房主辛迪加（The Homeowners Syndicate）[1]的生物信息。

"你获得了加入房主辛迪加的资格。你和你的伴侣米奥（Mio）可以在下个月搬进新的生活点。请在搬家前做出安排改变你的关系矩阵。谢谢。"

塔玛林关掉了他的多维陀螺仪眼镜，唤出了陶。"安排一下，将我的主要生活关系转至房主辛迪加。登录房主辛迪加的官网网站，告诉它们我要搬出去。我们需要取消与它们的保险公司、蒸汽网络接入供应商、清洁工以及情绪调节器——娱乐内容网络的关系。我们要与房主辛迪加的供应商们建立关系，动作要快。能获得这种新关系我真的很兴奋。"

几周后，塔马林意识到他做出了正确的决定。有50多个不同的家庭辛迪加[2]希望能够得到他和米奥的加入。每个辛迪加都为他们提供了免费的生活点，但只有房主辛迪加愿意为他们的男孩马尔佩克（Malpec）提供大学

---

① 房主辛迪加：由作者虚构的未来社区概念之一。——编者注
② 家庭辛迪加：由作者虚构的未来社区概念之一，是对包含"房主辛迪加"在内的多个社区概念的统一称呼。——编者注

学费。这就是关键所在。此外，房主辛迪加的声誉也很好。塔玛林认识几十个与房主辛迪加有良好关系的人。事实上，该辛迪加所拥有的与房主的关系份额是世界上最高的。人们喜欢他们，因为他们为房主提供了成千上万的高质量产品和服务。

搬进新的生活点时，塔玛林和米奥什么都不用做。一切都会为他们安排好。该辛迪加将与供应商签订合同，为他们的冷聚变发电机、电器、家具、娱乐中心、蒸汽网络的接入以及他们重力港的豪华空中越野车提供服务。房主辛迪加也会安排人员把他们的生活用品从公寓里搬过来。

塔玛林很高兴选择与房主辛迪加建立关系。

休息日

2050 年 8 月 9 日，纽约市上西区。

今天是阿斯珀·卢卡（Asper Loc）的休息日，她在自己的通信中心舒适地躺着。她有一整天的时间来探索全球的体验领域。进入水肺频道后，主持人威尔·方德斯布鲁克（Will Fondersbrook）向阿斯珀问好。

"欢迎回到水肺频道，阿斯珀，"方德斯布鲁克说，"你今天想做什么？你想在珊瑚礁上进行一次三维空间情绪之旅吗？你想在我们的水肺度假村中预订一段休假吗？想不想买一本与水肺相关的电子书？或者进入我们的一个真人聊天室？你要做什么呢？"

"我想见一些水肺潜水员，谈谈夜潜的问题，"阿斯珀说，"我还想得到一些关于婆罗洲海岸的沉船的信息。你能在体验场中搜索一些与可能存在的沉船相关的元媒体吗？"

"给我 30 秒，阿斯珀，"方德斯布鲁克说，"好了，我们找到了一个关于夜间潜水的聊天服务，10 分钟后开始。我给你预定。你想在聊天中使用你自己的形象，还是你平常使用的头像？还有，我把婆罗洲沉船的搜索结果列在了你的左下方窗口。加上暖气税，这些服务将花费你 435 交互信用点。"

"很好，威尔，"阿斯珀说，"我对水肺频道提供的服务非常满意。你上个月卖给我的水肺设备非常棒。我也很喜欢你上周为我编写的电子书。请继续保持良好的工作。

如果你可以的话，请把我厨房里的水肺海报换掉。我今晚想看一些鲨鱼。我的前夫要过来聊一聊。我只是想布置一个合适的氛围。"

嗬嗬嗬

2050 年 12 月 9 日，澳大利亚珀斯。

随着圣诞节的迅速临近，乔治·埃斯特拉达（Georges Estrada）开始感到恐慌。他需要买 30 多个圣诞礼物，但现在一个都还没有买。然而，乔治并不感到忧虑。他与圣诞购物代理商嗬嗬嗬（Hohoho）有关系。过去 5 年来，他一直是嗬嗬嗬的客户，而他们还没有让他失望过。

"我现在正在上传我的数据库列表，"乔治告诉鲁道夫（Rudolph）——一只俏皮的小驯鹿，它是嗬嗬嗬欢迎中心的主持者。"我希望你能找到质量最好、价格最低的产品。我还想让你给我找一个世纪初期的古董手机。我的兄弟基尔戈（Kilgor）收集这些东西。"

"你的列表正在处理中……"鲁道夫报告，"好的，进展顺利。访问超过 30,000 个商家。比较价格。搜索中……搜索中……找到了。这就是你要的。我只展示了划算的交易。如果你现在订购所有 30 个产品，我们将给你 10% 的折扣，你还会从观影者（Movie Watchers）那里获得一部免费电影。哦，对了，还有一件事。我们有一个手机拍卖会。

现在正是古董爱好者的时间段。你要不要出价 150 交互信用点？"

"出价吧，"乔治说。"但不要超过 200"。

"你是 169 号的买家，"鲁道夫几秒钟后回话，"我会把它放入圣诞老人的礼包里。你现在还有什么需要吗？你需要圣诞装饰品吗？圣诞蛋糕？一个没有切片的火鸡？一些卡片？不要忘记卡片。"

"好的，给我的订单添加一些圣诞卡，鲁道夫，"乔治说，"确保这些礼物在下周四的下午 1 点到 3 点，孩子们在学校时送到。还有，做好包装。而且，哦，对了。你能在圣诞节当天下午 1 点把火鸡做好并送到我们家吗？"

"你的订单已确认，"鲁道夫说，"所有东西都会为你集齐并做好包装。火鸡将按照你喜欢的方式准备，并在下午1点准时送达。如果还有其他需要，请联系我们。祝你圣诞愉快，新年快乐。"

在完成圣诞购物后，乔治在想接下来该做什么。他应该去高尔夫人（Golf People）的网上诊所，还是去业余厨师频道上一堂烹饪课？或者，他应该联系财务经理。话说回来，也许他应该打个盹。毕竟，乔治真的很累。今年的圣诞节购物真的把他累坏了。"有这么多事情要做，而时间又这么少。"乔治喃喃自语道，他在午后陷入了沉睡。

术语表

吸引者营销

在今天的全球经济中，潜在客户越来越难以接触。他们不太愿意听你推销。为了与新客户建立关系，你首先需要提供免费的独特价值，从而将他们"吸引"到你的公司。这被称为吸引者营销。

可控型促销理念

可控型促销理念是一个强大的促销概念，可以将新的潜在客户吸引到你的公司。它确定了你在推销或购买之前提供的免费独特价值。可控型促销理念独立于任何营销工具或技术，并可以在多年内无限期地使用和扩展。

客户类型

企业目前服务的不同市场类型，或希望服务的新市场类型中的客户群体。

在关系优先企业中，所有的战略思维都始于特定的客户类型。这一战略的目标是为符合这一客户类型的人群提供独特价值。

限制因素

限制因素是指那些阻止公司实现更大发展的过时模式、策略和系统。与从外部影响公司的后产品现实不同，限制因素是由公司本身造成的。

一对一营销

与大众营销完全相反，采用一对一营销策略的公司为每个客户提供定制的产品和服务。一对一营销人员使用数字营销技术与客户和潜在客户建立密切的双向关系。关系优先企业采用一对一营销策略来发展优质关系。

收入营销

当关系优先企业投入大量的时间、精力和金钱来开发高质量的营销工具和计划时，潜在客户往往愿意为其付费。当这种情况发生时，关系优先企业实际上可以从其营销计划中获得收益。这被称为收入营销。

细分营销

为了专注于个体客户的独特需求，许多公司将其客户群"细分"或划分为更小的群体。每一个小群体都是一个市场细分。其目的是为每个细分市场提供独特的产品和服务，并通过细分的促销方案进行推广。

风格控制指南

风格控制指南建立了关系优先企业的图形标识设计标准。公司的所有通信工具都被编入该指南，以确保公司所有图案、字体、布局元素和颜色的统一。

科技综合征

科技综合征是一种困扰着沉迷于技术力量的公司或个人的弊病。患有这种弊病的公司将一种特定的工具或技术作为思维的起点，并围绕这种工具或技术建立自身的系统。Technopia 使人们忽视了自己的真正目标，并陷入复杂性的困境。

商品陷阱

当公司销售的产品或服务与竞争对手的产品或服务几乎相同时，就会陷入商品陷阱。由于即时通信技术的发展，消费者可以比较这些商品的价格，这使得公司的利润率下降。低利润率使公司没有足够的资金投资于新能力或增加独特价值。使用产品优先公式的公司最有可能陷入商品陷阱。

最终文件

一份说明了公司基本情况的简短文件。《最终文件》是宣传册、网站、演示文稿、广告、通信以及面对面沟通等所有其他传播工具的源头说明文件。

产品优先公式

表示为*产品（P）× 大数量（LN）= 成功（S）*，自工业革命以来，大多数公司都在使用产品优先公式。

采用这个公式的公司将产品或产品系列作为战略思维的开端。由于我们处在一个极速变化，竞争加剧，以及即时通信的时代，这个公式已经过时了。

利润率倍增器

当关系优先企业提供独特价值时，它就不再受到商品陷阱中微薄利润的影响。公司享有较高的利润率，因为它没有可比较的竞争者。较高的利润率使公司有更多的资金投资于对新型独特价值的开发，而这反过来进一步增加了其利润率。

关系优先公式

表示为*优质关系（QR）× 独特价值（UV）=成功（S）*，这就是关系优先企业所采用的成功公式。使用这个公式的公司将一个特定的客户类型作为所有战略思维的开端，并把创造和提供稳定增长的独特价值作为自身的使命。

技术优先的方法

采取技术优先方法的公司从一种特定的技术开始建立系统，例如一种软件程序。他们公司的未来发展不但受到这种技术的限制，而且受限于技术开发者的有限视野。与此相反，关系优先企业首先开发一个模型系统，然后选择能够为这个模型提供服务的技术。

价值组件

为了向每个客户提供独特价值，关系优先企业将其所有的产品和服务拆分成最小的组成部分。关系优先企业或其客户可以将价值组件拼装成定制的解决方案。价值组件使公司能够在意料之外的机会出现时迅速抓住它们。